Frank Rutkowsky

Wir sind die Guten!

W0013194

Frank Rutkowsky

„Wir sind die Guten!"

Ethik für die Polizei

Bibliografische Information der Deutschen Nationalbibliothek:
Die Deutsche Nationalbibliothek verzeichnet diese Publikation in der
Deutschen Nationalbibliografie. Detaillierte bibliografische Daten sind
im Internet über https://portal.dnb.de abrufbar.

Dritte Auflage Mai 2018
Erste Auflage Juni 2017
© 2017 Frank Rutkowsky,
c/o Kirchenbüro, Markt 5 b, 21493 Schwarzenbek
Mail: Rutkowsky@polizei-ethik.de

Verlag: Frank Rutkowsky
Umschlaggestaltung und Titelfoto: Frank Rutkowsky
Druck: Schaltungsdienst Lange, Zehrensdorfer Str. 11, 12277 Berlin

ISBN 978-3-00-056291-4

Inhalt

Einleitung

Wie wichtig Moral ist, braucht man Polizistinnen und Polizisten nicht zu erklären, denn sie haben täglich mit Menschen zu tun, die sich schlecht benehmen, lügen oder Verbrechen begehen. *Die* müsste man „Mores lehren".

Aber weshalb sollten sich auch Polizisten um ihre eigene Moral kümmern? Sie handeln nach Recht und Gesetz – wozu braucht es da noch eine Berufsethik?

Nun: Die meisten Gesetze gründen letztlich – wenigstens zum Teil – auf Moralvorstellungen, und es schadet nicht, diese zu kennen, um den Wesenskern der Gesetze zu verstehen. Zum anderen hängt die konkrete Anwendung der Gesetze in beträchtlichem Maße von den moralischen Überzeugungen des ausführenden Polizisten ab. Kein Paragraph kann alle Besonderheiten des Alltags erfassen. „Dienst nach Vorschrift" reicht nicht aus. Das gilt erst recht, wenn es um den Umgang mit schwierigen Menschen, um Grenzsituationen, um die Anwendung von Gewalt und vielleicht sogar um den Einsatz des eigenen Lebens geht.

Mit gutem Grund ist also Ethik – die Lehre von der Moral – ein reguläres Fach in der Polizeiausbildung. Ich habe dieses Fach 19 Jahre lang als Polizeiseelsorger in Hamburg unterrichtet. Gleichzeitig habe ich in zahllosen Einsatzbegleitungen und Gesprächen die Herausforderungen des Polizeiberufes kennengelernt. Ich weiß, wie es einer Polizistin geht, die stundenlang an einer Absperrung gereizten Autofahrern Auskunft geben muss, und wie es sich anfühlt, eine Todesnachricht zu überbringen, welche Fragen jemanden quälen, der einen Menschen erschossen hat oder jemanden, der das Fehlverhalten eines Kollegen beobachtet hat und nun zwischen kollegialer Verbundenheit und der Pflicht zur Anzeige schwankt.

Diese Beispiele zeigen: Oft sind seelische und moralische Herausforderungen miteinander verwoben. Daher empfand ich es immer als hilfreich und der Sache dienlich, dass ich als Seelsorger *und* als Ethiker tätig sein konnte.

Die Themenauswahl dieses Buches ist aus solchen Erfahrungen entstanden. Es soll Polizistinnen und Polizisten ebenso wie angehende Ethikdozenten ermutigen, sich mit Ethik und Moral näher zu befassen. Für eine ausführliche und vertiefende Erörterung der wissenschaftlichen Feinheiten verweise ich auf im Anhang empfohlene Literatur.

Kaum jemand beschäftigt sich mit Ethik aus einem rein theoretischen Bedürfnis, sondern weil er Antwort auf eine Frage sucht, die Immanuel Kant zu den Hauptfragen der Philosophie gezählt und in den schlichten Satz gekleidet hat: „Was soll ich tun?"[1] Ethik zielt auf Praxis, und spätestens in seinem persönlichen Leben ist auch der differenzierteste Ethiker zu Entscheidungen gezwungen. Das gilt für mich genauso. Daher will ich zu den hier verhandelten ethischen Problemen auch Stellung beziehen – wohl wissend, dass andere Positionen möglich sind.

Es gibt eine Reihe guter Einführungen in die Ethik, darunter auch Studienbücher zur Polizeiethik.[2] Mit meiner Arbeit will ich etwas deutlicher sichtbar machen, wo kulturelle, psychologische und ethische Aspekte ineinander übergehen. Außerdem möchte ich zur Introspektion, dem Blick nach innen, anregen – er ist letztlich wichtiger als alle Theorien. Dabei werde ich auch die Perspektive aufzeigen, die ich als evangelischer Theologe einnehme. Viele Polizistinnen und Polizisten verstehen ihre Arbeit ja als Dienst am Nächsten. Und unser Grundgesetz, die ideelle Basis allen staatlichen und damit auch polizeilichen Handelns, speist sich geistesgeschichtlich vor allem aus drei

Quellen: der antiken Philosophie, der jüdisch-christlichen Tradition und der neuzeitlichen Philosophie, welche in der Renaissance begonnen und in der Aufklärung des 18. Jahrhunderts mit Denkern wie Rousseau, Voltaire oder Kant einen Höhepunkt erreicht hat. Die beiden letzteren Strömungen lagen oft im Konflikt miteinander. Ich fühle mich jedoch beiden verbunden. Daher erscheint es mir angebracht, die religiösen Gesichtspunkte gemeinsam mit den anderen Aspekten von Ethik zu bedenken. Ich hoffe, dass Leserinnen und Leser, die dem kritisch gegenüberstehen, sich dennoch zum Gespräch und zur vertiefenden Auseinandersetzung angeregt fühlen.

„Wir sind die Guten!"

So reden Polizisten manchmal – halb im Scherz, halb im Ernst. Sie wissen natürlich selber, dass das anmaßend klingt. Als könne man die Welt säuberlich in gut und böse einteilen und als stünden sie selbst, natürlich, auf der Seite der Guten. Dabei ist doch klar: Sie sind Menschen wie andere auch. Uniform und Dienstausweis machen sie nicht zu überirdischen Wesen. Gutes und Schlechtes findet sich in ihren Reihen ebenso wie anderswo.

Was also will dieser Satz sagen? Er kann zur Abwehr ungerechtfertigter Kritik dienen: Wenn voreingenommene Beobachter die Dinge auf den Kopf stellen und beispielsweise die Schuld an einer gewalttätigen Demonstration der Polizei in die Schuhe schieben. Dabei war es doch genau umgekehrt! Das muss richtiggestellt werden: *Wir* sind die Guten!

Oder: Eben weil sich in diesem Beruf gut und böse nicht immer fein säuberlich verteilen lassen; weil es nicht möglich ist, jede Situation nach idealen Maßstäben zu bewältigen; weil moralische Standards ins Rutschen kommen können, deshalb braucht es immer wieder Selbstvergewisserung, Orientierung am eigenen Berufsziel. Daran wollen wir uns erinnern und danach handeln: Wir sind die *Guten*!

Oder als Selbstaufmunterung, wenn angesichts der immer gleichen Probleme und Zumutungen sich Mattigkeit und Resignation breit machen: Was würde passieren, wenn wir – und die anderen redlich Bemühten, die es zum Glück auch noch gibt – aufgeben würden, wenn Verwahrlosung und Gewalt die Oberhand gewännen?! Es ist wichtig, dass wir die Fahne hochhalten: Wir sind die Guten!

Was aber ist eigentlich gut und böse, was ist moralisch richtig und falsch? Das lässt sich nicht immer eindeutig erkennen – weder im normalen Leben noch im Polizeiberuf. Auf den folgenden Seiten will ich diesen Fragen nachgehen. Ich beginne mit einigen Grundüberlegungen und komme dann zu den im engeren Sinne polizeirelevanten Themen.

Grundlagen

Was ist Moral?

Das lateinische Wort *mores* bedeutet *Sitten* oder *Gebräuche*. Damit ist bereits ein großer Teil dessen benannt, was wir auch heute unter Moral verstehen. Ich definiere Moral als *Werte und Normen, die unser Handeln bestimmen*.

> Moral:
> Werte und Normen,
> die unser Handeln
> bestimmen.

Dabei geht es vor allem um unser Verhalten gegenüber anderen Menschen, weshalb sich vereinfacht auch sagen ließe: *Moral sind die Werte und Normen, die das Zusammenleben regeln*. Genau genommen besitzt allerdings auch das Verhältnis, das wir uns selbst gegenüber einnehmen, moralische Qualität, sowie unser Verhalten den Tieren, ja überhaupt der gesamten Umwelt und nicht zuletzt auch unseren Nachkommen gegenüber.

Nach meinem Verständnis kann man ein Verhalten nur dann *unmoralisch* nennen, wenn es hemmungslos egoistisch oder besinnungslos triebgesteuert ist – und das gibt es ja durchaus. Aber vieles, was umgangssprachlich gerne als unmoralisch bezeichnet wird, folgt lediglich einer anderen – vielleicht sogar schrecklichen – Moral.[3] So gehorchen die Verbrechen eines Mafia-Clans oft einem Codex, in dem die Familienehre eine wichtige Stellung einnimmt. Auch die Philosophie des Marquis de Sade, der eine brutale, zügellose Ausschweifung propagiert, stellt in gewisser Weise eine Moral dar. Selbst die nationalsozialistische Weltanschauung, welche einen beispiellosen, staatlich organisierten Massenmord begründete, enthielt eine eigene Moral, nämlich die des Herrenmenschen, welcher das Recht habe, über „unwertes" Leben zu verfügen. So verband der Reichsführer SS und Chef der Deutschen Polizei, Heinrich Himmler, 1943 in einer Rede vor obersten SS-Führern ein brutales Mordprogramm mit moralischen Werten wie Ehrlichkeit und Anstand:

> *„Ein Grundsatz muss für den SS-Mann absolut gelten: ehrlich, anständig, treu und kameradschaftlich haben wir zu Angehörigen unseres eigenen Blutes zu sein und sonst zu niemandem. ... 'Ausschaltung der Juden, Ausrottung, machen wir.' ... Von allen, die so reden, hat keiner zugesehen, keiner hat es durchgestanden. Von Euch werden die meisten wissen, was es heißt, wenn 100 Leichen beisammen liegen, wenn 500 daliegen oder wenn 1000 daliegen. Dies durchgehalten zu haben, und dabei – abgesehen von menschlichen Ausnahmeschwächen – anständig geblieben zu sein, das hat uns hart gemacht und ist ein niemals geschriebenes und niemals zu schreibendes Ruhmesblatt unserer Geschichte."*[4]

Auch ein mörderisches System kann sich auf moralische Forderungen berufen. Entscheidend ist, welchen Leitvorstellungen diese folgen.

Was ist Ethik?

Umgangssprachlich werden *Moral* und *Ethik* immer öfter – wie im angelsächsischen Sprachraum – gleichbedeutend gebraucht. So hört man gelegentlich, jemand habe sich *unethisch* verhalten. Vermutlich klingt das Wort „moralisch" in manchen Ohren zu altbacken, wogegen „ethisch" als irgendwie eleganter empfunden wird. Ich halte mich lieber an eine Unterscheidung, wonach Ethik die systematische Disziplin ist, die sich mit Moral beschäftigt,[5] ähnlich wie das die Physik mit den Naturgesetzen oder die Pädagogik mit der Erziehung tut. Wenn also Moral die Normen und Werte beinhaltet, die – vereinfacht gesagt – das Zusammenleben regeln, befasst sich die Ethik, wie zum Beispiel dieses Buch, systematisch mit eben diesen Werten und Normen, also mit Moral.

> Ethik:
> Das systematische
> Nachdenken über
> Moral

Allerdings gibt es zwischen beiden Bereichen einen fließenden Übergang, da sich Ethik in der Regel nicht zweckfrei mit ihrem Gegenstand befasst, sondern mit dem Ziel, die Gültigkeit moralischer Regeln zu prüfen und auf diese Weise selber handlungsorientierend zu sein. Daher sind vor allem die *normative* und die *angewandte Ethik*, denen es um moralische Fragen zum Beispiel in medizinischen Berufen oder eben auch im Polizeiberuf geht, von der Moral nur noch insofern zu unterscheiden, als sie ihre Voraussetzungen und Schlussfolgerungen besonders sorgfältig erwägen. Bei moralischen Argumenten im Alltag ist das ja nicht immer der Fall.

Zwei Seiten einer Medaille

Von Werten und Normen ist schnell die Rede, wenn man über Moral spricht, aber was bedeuten diese Begriffe eigentlich?

In der Technik bezeichnen *Normen* Maße, nach denen ein Gegenstand angefertigt sein muss, damit er für die gedachte Verwendung passt. So muss ein Blatt Papier im Format DIN-A-4 gemäß dem Deutschen Institut für Normung 29,7 cm lang und 21 cm breit sein. Diese Norm zwingt zur Einheitlichkeit, sie stellt also ein Sollen oder Müssen dar. Das gilt auch für moralische Normen. Sie werden von vielen Menschen als zwar wichtig und gut empfunden, zugleich aber auch als irgendwie unangenehm, erst recht, wenn sie uns im Übermaß, z.B. von „Moralaposteln", entgegengehalten werden. Dieser Zwiespalt ist unvermeidlich: Wir bejahen moralische Regeln und Gebote, weil wir sie brauchen, doch es gehört zu ihrem Wesen, dass sie uns einschränken, was natürlich nicht immer Freude macht.

Werte wie Freiheit, Gerechtigkeit oder Nächstenliebe sind hingegen etwas, das wir uns wünschen, erreichen wollen oder einfach gut finden.[6] Auch hierfür ein dingliches Beispiel: Wir bezeichnen eine Uhr als wertvoll, wenn sie viel kostet. Das bedeutet genau besehen nichts anderes, als dass es genügend viele Menschen gibt, welche diese Uhr so begehrenswert finden, dass sie bereit sind, einen hohen Preis dafür zu entrichten. Eine Uhr kann für mich aber auch wertvoll sein, wenn sie zwar im Laden wenig kosten würde, aber, weil sie ein Erbstück meines geliebten Großvaters ist, für mich einen hohen ideellen Wert hat. Sie bedeutet mir viel. Ich halte sie in Ehren und achte darauf, dass sie nicht verloren geht oder beschädigt wird. Ähnlich verhält es sich mit einem moralischen Wert: Er ist etwas, das ich für erstrebenswert halte – zum Beispiel Gerechtigkeit oder Fairness – etwas, an dem ich mich orientiere, für das ich mich einsetze.

Man kann daher sagen: Moralische Werte bezeichnen ein Wollen, Normen ein Sollen. Dies klingt zunächst wie ein Gegensatz, tatsächlich aber sind Normen und Werte zwei Seiten derselben Medaille, denn jede moralische Norm enthält einen Wert, sonst hätte sie keinen Sinn. Das Verbot des Ehebruchs etwa enthält das Ideal der Treue, das Verbot zu töten den Respekt vor dem Leben. Normen sind Werte, die von einer Gemeinschaft als verbindlich angesehen werden und deshalb für alle ihre Mitglieder gelten sollen.

> Werte = Wollen
> Normen = Sollen

Wenn zum Beispiel eine Lehrgruppe der Polizeischule darüber berät, welche Umgangsformen in ihr gelten sollen, trägt sie zunächst die Wünsche zusammen, die es diesbezüglich gibt. Meist werden dabei Werte wie gegenseitige Rücksicht, Kollegialität usw. genannt. In dem Moment, wo sich die Gruppe auf solche Werte geeinigt hat, sind daraus Normen geworden, nach denen sich alle richten sollen.[7]

Moral und Recht

Moral und Recht haben eine Gemeinsamkeit: Beide enthalten Normen. Viele gesetzliche Regelungen sind Ausführungen von moralischen Normen wie etwa dem Verbot zu töten, zu stehlen, zu lügen usw. Wir begegnen ihnen in Gesetzen, die Gewalt, Mord und Totschlag behandeln, Fragen der Sterbehilfe oder des Schwangerschaftsabbruches, von Eigentumsdelikten, Betrugsdelikten usw. Selbst Gesetze, die keinen sofort erkennbaren Bezug zur Moral haben, bewegen sich in einem Rahmen, der moralisch beurteilt werden kann. So macht es einen Unterschied, wie eine Gesellschaft das Verhältnis zwischen wirtschaftlicher Freiheit und sozialer Gerechtigkeit ausbalanciert. Das mag in den einzelnen Regelungen nicht immer erkennbar sein, im Gesamtgefüge der Gesetze schon.

Im Unterschied zu moralischen Normen, die oft nur mündlich vermittelt sind und nicht überall in gleicher Weise gelten, werden Gesetze schriftlich fixiert, ihr Geltungsbereich ist klar definiert und vor allem: Sie können mit staatlicher Gewalt durchgesetzt werden. Zwar werden auch moralische Normen notfalls sanktioniert, beispielsweise von den Eltern oder einer Gruppe: Wer sich in einer Gemeinschaft rücksichtslos benimmt, muss sich Kritik anhören oder wird sogar aus der Gruppe ausgeschlossen. Aber dem Gesetz stehen Zwangsmaßnahmen zur Verfügung, die den Bürgern verboten sind. Sie durchzuführen, gehört zur Kernkompetenz der *Gesetzeshüter*.

Mit Einschränkungen kann man daher sagen: Moral und Recht verhalten sich wie zwei Flächen, die einander teilweise überlagern.

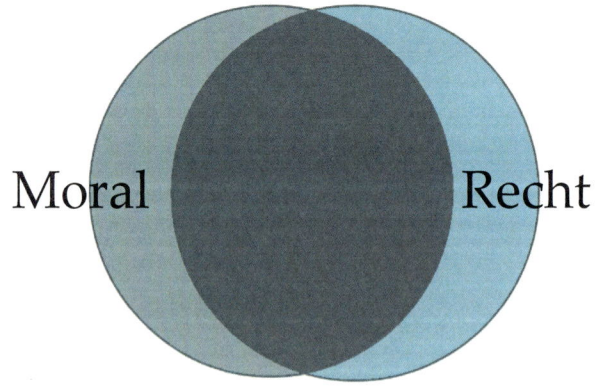

Außerhalb der gemeinsamen Schnittmenge liegen (auf der rechten Seite des Schemas) solche gesetzlichen Vorschriften, die moralisch neutral sind, zum Beispiel Verkehrsvorschriften, die schadlos auch anders lauten könnten. Wichtig ist an ihnen nur, dass es überhaupt Regeln gibt, auf die sich alle verlassen können.

Auf der anderen Seite finden sich moralische Vorstellungen, die das Gesetz gar nicht erfassen will, etwa Gebote der Höflichkeit, oder solche, die mit der staatlich anerkannten Moral, welche ins Gesetz Eingang gefunden hat, nicht übereinstimmen. Beispielsweise führen in einer extrem ungerechten und totalitären Gesellschaft Werte wie Gerechtigkeit oder Fairness ein Schattendasein außerhalb des Rechts.

Spannungen

Aber auch in einer Demokratie kommen Spannungen zwischen Gesetz und Moral vor. Denn meistens verändern sich gesellschaftliche Norm- und Wertvorstellungen schneller als das Recht. Anders gesagt: Gesetze hinken der gesellschaftlichen Entwicklung oft für eine gewisse Zeit hinterher, so dass Legalität (Gesetzestreue) und Legitimität (die innere Berechtigung) irgendwann nicht mehr ganz übereinstimmen. Während solcher Übergangsperioden gerät die Polizei, die ja strikt an das Gesetz gebunden ist, in einen gewissen Widerspruch zum vorherrschenden Rechtsempfinden der Bevölkerung – und vielleicht auch zu dem der einzelnen Polizisten und Polizistinnen.

So wurden über Jahrzehnte hinweg der Bau von Atomkraftwerken und die Lagerung des Atommülls – völlig gesetzeskonform – mit riesigen Großeinsätzen durchgesetzt, ehe nach der Reaktorkatastrophe von Fukushima ein staatliches Umdenken erfolgte und die Gesetze den Bedenken der Bevölkerungsmehrheit angepasst wurden.

Die Gesetzgebung folgt ja nicht nur hehren moralischen Prinzipien, sondern sie ist zugleich ein Kampfplatz handfester Interessen. Außerdem können sich innermoralische Konflikte in den Gesetzen spiegeln. So ist die Regelung des Schwangerschaftsabbruches mit der Dreimonatsfrist in Paragraph 218a des Strafgesetzbuches ein Kompromiss zwischen dem Schutz des ungeborenen Lebens (ein Wert) und der Selbstbestimmung der Frau (ebenfalls ein Wert).

Wann ist Recht auch Recht?

Trotz ihrer unübersehbaren Gemeinsamkeit ist in der Rechtsphilosophie umstritten, wie sich Moral und Recht zueinander verhalten. Dabei geht es um die Frage, wann das geltende Recht Anspruch auf Gültigkeit erheben kann. Muss es bestimmten moralischen Standards entsprechen, oder genügt es, wenn es auf einem formal korrekten Weg zustande gekommen ist?

Die moralische Position macht geltend, dass beispielsweise die Gesetze einer brutalen Diktatur nicht wirklich Recht, sondern im Gegenteil Unrecht sind. Zu diesem Urteil kann man nur gelangen, wenn man das staatliche Recht von einem Standpunkt aus betrachtet, der außerhalb dieses Rechtssystems liegt, also von einem göttlichen Recht oder von einem Naturrecht – damit ist ein Recht gemeint, das einige Philosophen als in der Natur des Menschen liegend und noch vor aller staatlichen Gesetzgebung gültig ansehen.

Der Vorteil dieser Auffassung liegt darin, dass sie sich mit der bloßen Legalität von staatlichem Recht nicht zufriedengibt, sondern nach einer tieferen Begründung fragt und eine Berechtigung dafür liefert, Unrechtsregimen zu widerstehen. Der Nachteil besteht darin, dass die Abgrenzung zu einer willkürlichen Infragestellung geltender Gesetze schwer vorzunehmen ist.

Daher berufen sich Rechtspositivisten allein auf das *positive Recht*. Positiv meint hier nicht *gut*, sondern ist abgeleitet vom lateinischen *ponere* = setzen, stellen, legen – und bezeichnet ein Recht, welches verfassungsgemäß zustande gekommen ist und nun ganz einfach besteht. Der Vorteil: Der Diskussionsrahmen ist eindeutig. Der Nachteil: Es gibt kein Kriterium für eine Kritik an staatlichem Unrecht, sofern dieses ordnungsgemäß beschlossen und ausgeübt wird.

In Reinform werden diese beiden Positionen selten vertreten. Eine Mischform besteht in folgendem Postulat: Gültig ist das positive (also bestehende) Recht, sofern es einen Mindeststandard an Gerechtigkeit erfüllt.

Zusätzlich stellen heute die Menschenrechte der Vereinten Nationen ein übergeordnetes positives Recht dar. Das positive Recht eines Staates kann durch das – moralisch stark aufgeladene – ebenfalls positive Recht der Vereinten Nationen infrage gestellt werden.

So wurden Mitte der 1990er Jahre ehemalige Mitglieder der Grenztruppen und des Verteidigungsrates der DDR wegen der Erschießung von Republikflüchtlingen verurteilt. Sie legten Verfassungsbeschwerde ein. Ihr Handeln habe dem geltenden Recht der DDR entsprochen. Das Verfassungsgericht wies die Beschwerde mit dem Argument zurück, sie hätten die Menschenrechte der Vereinten Nationen kennen und daher wissen müssen, dass der Schießbefehl unrechtmäßig gewesen sei.

Wozu brauchen wir Moral?

Die Grundfrage jeder Moral lautet: Wieviel Rücksicht nehme ich auf die Bedürfnisse anderer Menschen – und wieviel Rücksicht erwarte ich umgekehrt von anderen? Daraus folgt die nächste Frage: Wieviel Rücksicht sollen Menschen generell aufeinander nehmen?

Mit Rücksicht meine ich nicht allein Höflichkeit, sondern im weitesten Sinne: die Berücksichtigung der Interessen anderer Menschen bei meinem Handeln. Hier lässt sich eine große Spannweite zwischen hemmungslosem Egoismus und völliger Selbstaufgabe denken – und nicht nur denken, sondern sie kommt auch im wirklichen Leben vor.

Die Antwort auf diese Fragen gerinnt zu Werten und Normen, Prinzipien und Leitvorstellungen, deren Verhältnis zueinander kompliziert ist und jede Menge Diskussionsstoff liefert. Ich will das am Begriff der *Gerechtigkeit* skizzieren:

Gerechtigkeit ist ein allgemein anerkannter *Wert*, also etwas, das viele Menschen für erstrebenswert halten. Auch ihm geht es um gegenseitige Rücksichtnahme. Denn Gerechtigkeit ist mit der Vorstellung verbunden, es sei wünschenswert, dass bei der Verteilung des gesellschaftlichen Reichtums *alle* Menschen zum Zuge kommen (berücksichtigt werden), und nicht nur ein kleiner Teil. Das Gleiche gilt für immaterielle Güter, die Stellung vor dem Gesetz, Bildungschancen usw.

Aber sofort erheben sich viele Fragen: Wie soll es gelingen, dass Menschen, die schon viel besitzen, einen Teil ihres Reichtums abgeben? Wie weit soll so ein Ausgleich gehen? Bedeutet echte Gerechtigkeit sogar eine völlige Gleichheit, wie sie zum Beispiel in den ersten Jahren der chinesischen Revolution unter Mao Tse Tung propagiert wurde? Damals war eine einheitliche Kleidung für alle Menschen vorgeschrieben, um auch die geringste Form von Ungleichheit zu vermeiden. Wie vertrüge sich ein solches Gerechtigkeitsverständnis mit individueller Freiheit, die ja ebenfalls ein hoher Wert ist? Wo bleibt bei einer solchen Ordnung der Ansporn zu persönlicher Leistung? Muss Gerechtigkeit nicht eher *Chancen*gleichheit bedeuten? Aber ist nicht auch das eine unrealistische Forderung? Hat nicht zum Beispiel das Lehrerkind von Haus aus bessere Bildungschancen als das Arbeiterkind? Kann man hierfür einen Ausgleich schaffen? Bedeutet all dies, dass man realistischerweise nur *einigermaßen* gerechte Verhältnisse anstreben kann – aber was würde das wiederum konkret heißen?

Im Tierreich gibt es solche Fragen nicht. Am Futtertrog regeln Instinkt und Rangordnung, in welchem Maße die Bedürfnisse des einzelnen Tieres zum Zuge kommen.

Im menschlichen Leben spielt der Instinkt eine deutlich kleinere Rolle. Die gesellschaftliche Rangordnung ist ständig in Bewegung, und welche Ziele das Handeln der einzelnen Menschen bestimmen, ist weitaus weniger festgelegt. Wir können unsere spontanen Impulse zugunsten langfristiger Ziele unterdrücken. Wir können mehrere Möglichkeiten gedanklich durchspielen, ehe wir handeln. Wir können – und müssen – uns ständig entscheiden: ob wir diesen oder jenen Beruf ergreifen, heiraten oder Single bleiben, auf Zumutungen höflich oder aggressiv reagieren usw. Ich lasse dahingestellt, ob wir uns dabei – wie manche Gehirnforscher meinen – nur als frei *empfinden*, oder ob wir dies – wenigstens bis zu einem gewissen Grade – tatsächlich sind. In jedem Fall müssen wir ständig zwischen verschiedenen Optionen wählen.

Damit ist das Verhältnis zu unseren Mitmenschen vergleichsweise unbestimmt. Wir brauchen eine zusätzliche Regulierung, damit das Zusammenleben funktioniert. Eine solche liefern die Moral und die Gesetze. Sie ergänzen die gewonnene Freiheit um einen Rahmen, der Orientierung gibt, zugleich aber flexibel und entwicklungsfähig ist, der sich also auch im Laufe der Geschichte und unter veränderten Bedingungen anpassen kann. Kurz gesagt: Moral ist der Preis – oder Lohn – der menschlichen Freiheit.

Wenn Menschen ihr gegenseitiges Verhältnis regeln, sind immer Interessen im Spiel, beispielsweise Macht- und Besitzansprüche. Diese sind in ihrem Wesen uferlos. Werte und Normen – wie zum Beispiel Gerechtigkeit – versuchen, diesen egoistischen Ansprüchen Grenzen zu setzen. Wären wir von Natur aus treu, bräuchte es die Treue als moralische Tugend nicht zu geben. Läge uns das Wohl anderer Menschen ebenso am Herzen wie unser eigenes, müssten wir den Wert der Gerechtigkeit nicht hochhalten – usw. Es ist daher naiv, wenn gelegentlich geklagt wird: Wenn sich nur alle Menschen an bestimmte moralische Regeln halten würden, sähe die Welt besser aus! Ja: *wenn!* Die Moral besteht doch nur deshalb, weil sich die Rücksicht auf andere Menschen nicht von allein ergibt.

Damit will ich nicht sagen, dass Interessen von vornherein etwas Schlechtes sind. Mit jedem Atemzug sorgen wir für unsere „Interessen", unser Dabei-Sein, wie man das Wort übersetzen könnte. Aber welches Maß bei der Verfolgung unserer Interessen im Umgang mit anderen gelten soll – das ist eine Frage der Moral.

Dabei – und nun wird es kompliziert – ist die Moral nicht nur ein sozusagen sauberer Gegenspieler egoistischer Bedürfnisse, sondern oft selber von diesen infiziert. So betrachte ich die Verhüllung, zu der Frauen in manchen islamischen Ländern gezwungen werden, nicht – wie behauptet – als Ausdruck weiblicher Zucht und Ehrbarkeit, also konservativer moralischer Tugenden, sondern in erster Linie als ein Symbol männlicher Herrschaft.

Die Moral gibt es nicht

Moral ist also ein komplexes Gebilde. Und: *Die* Moral gibt es eigentlich nicht. In Mitteleuropa gängige Ansichten über die Rolle der Frau sind andere als die in Saudi-Arabien. Der Ehrencodex einer Verbrecherbande unterscheidet sich von den Sitten eines Klosters. Diese wiederum von den Auffassungen einer Hippie-Kommune usw.

Eine Betrachtung auf der Zeitachse ergibt das gleiche Bild: Allein im Deutschland der letzten 50 Jahre haben sich viele moralische Auffassungen grundlegend gewandelt. Noch vor wenigen Jahrzehnten war das Zusammenleben unverheirateter Paare nahezu undenkbar, ein uneheliches Kind eine Schande, praktizierte Homosexualität sogar eine Straftat. Ähnliches gilt in Fragen der Erziehung und in anderen Lebensbereichen.

Wir finden unterschiedliche Moralvorstellungen nicht nur zwischen verschiedenen Individuen, sondern auch zwischen verschiedenen Milieus und Untergruppen einer Gesellschaft, zwischen unterschiedlichen Kulturen und ebenso zwischen verschiedenen Epochen.

Auch wenn Moral sich manchmal so gebärdet: Sie ist kein fester Boden, sondern eher ein Floß, das von vielen Menschen, die sich darauf befinden, mühsam in einem schwankenden Gleichgewicht gehalten und überdies von der Strömung in verschiedene Richtungen gesteuert wird.

Wir nehmen an einem nie endenden großen Diskurs teil, manchmal auch an schwerer Auseinandersetzung darüber, welche Regeln zwischen uns gelten sollen. Das ist anstrengend, und mancher wünscht sich, es möchten klarere Verhältnisse einkehren. Die hat es aber schon früher nicht gegeben, und es wird sie auch nie geben. Wer etwa die Briefe des Apostels Paulus liest, findet darin erbitterte Stellungnahmen zu den Umgangsformen in den angeschriebenen Gemeinden. Das Ringen um das richtige Miteinander gehört zu den bleibenden menschlichen Herausforderungen.

Wie entsteht Moral?

Unsere moralischen Überzeugungen kommen auf verschiedenen Wegen zustande: Prägend ist natürlich das Vorbild unserer Eltern und anderer naher Verwandter, also das, was wir uns von ihnen abschauen, aber auch ihre Erläuterungen, Ermahnungen und vielleicht auch Strafen. Das Milieu, in dem wir aufwachsen, mit seinen oft unausgesprochenen, aber dennoch hochwirksamen Werten, spielt ebenfalls eine Rolle, die Peer-Group, Freundschaften, Schule, Kirche, Sportverein, Medien, die allgemeine Stimmungslage in der Bevölkerung – sie alle senden uns ständig Botschaften über das, „was man tut" und was nicht. Zusammen mit den Erfahrungen, die wir machen und zur Beurteilung all dieser Einflüsse heranziehen, entsteht in uns ein komplexes Gebilde aus Überzeugungen und Gewohnheiten, nach denen wir unser Handeln ausrichten.

Umstritten ist, ob es auch angeborene moralische Werte gibt, zum Beispiel einen angeborenen Gerechtigkeitssinn. Untersuchungen an unseren nächsten Verwandten im Tierreich, den Schimpansen, deuten in diese Richtung, und interkulturelle Vergleiche zwischen kleinen Kindern zeigen, dass es beim Menschen schon sehr früh ein Gerechtigkeitsempfinden gibt. Es wird allerdings von der jeweiligen Kultur überformt. So zeigten deutsche Kinder in einem Versuch, an dessen Ende Süßigkeiten verteilt wurden, eine Vorstellung von Gerechtigkeit, die sich mehr an der vorherigen Leistung des Empfängers orientierte, wogegen es afrikanischen Kindern wichtiger war, dass alle etwas abbekamen.[8] Dies zeigt: Sogar ein und derselbe Wert wird in verschiedenen Kulturen unterschiedlich verstanden.

Den ganzen Tag Moral

Moral begleitet uns den ganzen Tag, denn wir sind ständig von Menschen umgeben, denen gegenüber wir uns irgendwie verhalten. Und selbst wenn wir alleine sind, tun wir nicht einfach das, wonach uns gelüstet, sondern wir gleichen unsere Impulse mit unserem Selbstbild ab. Vielleicht erlauben wir uns am Wochenende, den ganzen Tag im Bett zu bleiben – aber dann braucht es eben eine innere Erlaubnis dazu. Sogar im Traum, in dem bekanntermaßen manches geschieht, was wir am Tage kaum zu denken wagen, tritt nicht selten eine Gegenfigur auf, welche das Normal-Ich mit seinen Bedenken repräsentiert.

Darin liegt eine unterschwellige Anstrengung, die wir gerne auch einmal unterbrechen würden. Sigmund Freud hat dies „das Unbehagen in der Kultur" genannt.[9] Alkohol oder andere Drogen, ausschweifende Feste, Massenveranstaltungen, in denen wir „uns vergessen" – sie alle zeugen von dem Bedürfnis, das moralische Korsett auch einmal abzulegen, vielleicht sogar „die Sau rauszulassen" oder wenigstens alles in einem weniger strengen, milderen Lichte zu betrachten.

Moral wird im Konflikt bewusst

Allerdings ist uns keineswegs ständig bewusst, wie sehr Moral unser Leben bestimmt. Wir handeln die meiste Zeit des Tages fast automatisch nach moralischen Regeln. Wenn mir jemand einen guten Morgen wünscht, führe ich nicht erst mit mir einen inneren Dialog darüber, ob hier eine moralische Pflicht zur Antwort besteht, sondern ich folge wie von selbst dem Gebot der Höflichkeit und grüße zurück.

Wir befassen uns erst dann bewusst mit Moral, wenn es zu einem Konflikt kommt. Dieser Konflikt kann verschiedene Strukturen haben. Die wichtigsten sind:

Mein Eigeninteresse vs. die Moral eines anderen[10]

Drängle ich mich in einer Warteschlange vor, kann es sein, dass mich jemand zurückschubst oder beschimpft. Soweit handelt es sich schlicht und einfach um einen Interessenkonflikt zwischen verschiedenen Personen. Wenn aber der andere zu mir sagt: „Das macht man nicht" oder „Wenn das jeder machen würde", steckt darin eine moralische Ermahnung. Falls ich ein Mensch bin, der sich etwas sagen lässt, murmele ich vielleicht eine Entschuldigung und reihe mich ordentlich ein. Zwei Dinge haben mich in diesem Fall vermutlich bewogen, mein Verhalten zu ändern: Der soziale Druck – und möglicherweise auch die Einsicht, dass ich gerade im Begriff war, etwas zu tun, was gegen meine eigene Vorstellung von gegenseitiger Rücksichtnahme verstößt. Ich bin mir eines moralischen Problems bewusst geworden.

Meine Moral vs. die Moral eines anderen

Hat jemand andere moralische Vorstellungen als ich, wird es irgendwann zu einem Disput über das Richtige, das moralisch Gebotene kommen. So könnte meine Frau andere Ansichten darüber haben, wie oft „man" seine Schwiegereltern besuchen sollte. Mit einem bloßen „Ich habe keine Lust" werde ich auf Dauer kaum davonkommen, sondern wir müssen uns darüber unterhalten, welche familiären Pflichten wir anerkennen und welche nicht.

Auch in polizeilichen Gesprächen mit Bürgerinnen und Bürgern und beim polizeilichen Einschreiten wird es immer wieder Meinungsverschiedenheiten darüber geben, was sich gehört und was nicht. Unter Umständen müssen sie von der Polizei sogar mit Zwang entschieden werden. Aber gelegentlich gelingt eine Verständigung, und die Polizistin oder der Polizist kann mit dem guten Gefühl abziehen, einen kleinen gedanklichen Fortschritt beim anderen erreicht zu haben.

Meine Moral vs. meine Bedürfnisse

Wir bräuchten keine Moral, wenn wir das Gute sowieso schon immer tun wollten. Wir kommen ständig in Versuchung, Dinge zu tun, die wir eigentlich nicht richtig finden. Selbst der Apostel Paulus bekennt in einem seiner Briefe: „Das Gute, das ich will, das tue ich nicht; sondern das Böse, das ich nicht will, das tue ich."[11] In manchen Fragen handeln wir sogar ständig gegen unsere besseren Einsichten – zum Beispiel der Umwelt gegenüber –, verdrängen das aber, weil die Konsequenzen zu strapaziös wären. Ich will mich jedoch auf handlichere Beispiele beschränken:

Was geschieht in mir, wenn ich an einem heißen Sommertag durstig, ohne Geld und ohne Aussicht auf eine baldige Möglichkeit, meinen Durst zu löschen, an einem unbeobachteten Obststand vorbeikomme? Ich verspüre den Impuls, mir im Vorbeigehen einen saftigen Pfirsich zu greifen und damit hinter der nächsten Hausecke meinen Durst zu lindern. Zugleich ermahnt mich eine innere Stimme, dass man das nicht tut. Nun findet ein innerer Entscheidungsprozess statt, der möglicherweise komplizierter ist, als man es in einer so banalen Angelegenheit für möglich halten möchte.

Vielleicht beziehe ich in meine Überlegungen ein, welchen Eindruck ich von diesem Obststand habe. Muss sich sein Besitzer offenbar mühsam durchs Leben schlagen: dann wächst meine Hemmung, ihn zu bestehlen. Gehört der Stand hingegen einem großen Supermarkt, der vermutlich viel Gewinn abwirft, sinkt meine Hemmung.

Auch persönliche Eigenschaften werden meine Entscheidung beeinflussen. Vielleicht überlege ich kurz, ob ich den Standeigentümer ganz einfach bitte, mir einen Pfirsich zu schenken oder mir Zutritt zu seinem Wasserhahn zu gewähren. Aber wenn ich ein schüchterner Mensch bin, kann mich so eine Bitte mehr Überwindung kosten als ein schneller Griff im Vorübergehen.

Vielleicht bin ich aber auch jemand, der selbst dann, wenn weit und breit kein anderer Mensch zu sehen ist, damit rechnet, erwischt zu werden. Dann unterdrücke ich meinen Diebstahlsimpuls vor allem aus dieser Furcht.

Mein Selbstbild könnte ebenfalls eine Rolle spielen: Wenn ich stolz darauf bin – soweit ich mich erinnere – noch nie gegen das Gesetz verstoßen zu haben, und darüber hinaus auch anderen Menschen ein Vorbild sein möchte, würde dieser gestohlene Pfirsich zu einer Art Sündenfall, der mein Selbstbild beschädigt, auch wenn sonst niemand davon weiß.

Vielleicht spielt auch meine Philosophie eine Rolle: Glaube ich, dass moralische Auffassungen flexibel und situationsangepasst angewendet werden sollten, oder meine ich (wie Kant), dass gewisse Prinzipien unter gar keinen Umständen gebrochen werden dürfen?

Ich führe diese relativ harmlose innere Auseinandersetzung so breit aus (und habe noch nicht einmal alle Aspekte genannt), weil ich zeigen möchte, wie komplex moralische Entscheidungssituationen sein können, selbst wenn sie in wenigen Sekunden ablaufen.

Meine Moral vs. meine Moral: Ein Dilemma

Die spannendsten und leidvollsten moralischen Konflikte sind die, in denen meine eigenen Normen und Werte in Konflikt mit ebenfalls eigenen Normen und Werten geraten. Wir verspüren dann besonders dringlich den Wunsch, uns *nicht* entscheiden zu müssen, sondern irgendwie alles unter einen Hut zu bekommen. Wenn das nicht möglich ist, muss *ein* uns wichtiges Prinzip auf der Strecke bleiben. Das ist ein Dilemma, es gibt keine völlig befriedigende Lösung, es bleibt ein bitterer Rest.

In Lehrbüchern werden solche Dilemmata gerne mithilfe von Gedankenexperimenten erklärt, in denen durch mein Handeln nur einer von zwei Menschen gerettet werden kann. Wonach soll ich dann entscheiden – und wie wird es mir am Ende mit dieser Entscheidung gehen?

Im Polizeiberuf lassen sich Dilemmata schon deshalb nicht vermeiden, weil mit dem Mandat zur Gewaltausübung für die meisten Polizisten und Polizistinnen ein innerer Widerspruch gesetzt ist: Kaum jemand ergreift den Polizeiberuf, weil er gerne gewalttätig ist. Vielmehr möchten die meisten Polizistinnen und Polizisten mit ihrer Arbeit etwas Gutes tun. Dass genau dies aber mitunter nur um den Preis möglich ist, etwas zu tun, das uns widerstrebt, wird manchem erst im Ernstfall bewusst, nämlich dann, wenn es sich um einen schweren, gar tödlichen Eingriff handelt. Ein fachkundig angewendeter Kreuzfesselgriff bei einer Festnahme mag noch eine gewisse sportliche Befriedigung mit sich bringen – die Erschießung eines psychisch gestörten Angreifers in Notwehr oder Nothilfe hinterlässt hingegen in der Seele tiefe Spuren. Sie zeugen davon, dass der Polizist sein Handeln als zwar notwendig, aber zugleich auch als tragisch und traurig empfunden hat.

Es gibt allerdings auch Stimmen, welche die Existenz moralischer Dilemmata bestreiten. Ihr Argument lautet: Wenn in einer
mir aufgezwungenen Entscheidungssituation ein Wert zugunsten eines anderen Wertes zurückstehen muss, hinterlässt das
keinen moralischen Rest, weil jeder Mensch nur für das verantwortlich gemacht werden kann, was er selbst beeinflussen
kann. Wenn ihm nichts anderes übrig bleibt, als zwei Werte ge-
geneinander abzuwägen, und er dann den höheren Wert verwirklicht, sollte ihm niemand hinterher einen Vorwurf machen
oder moralische Skrupel anhängen.[12]

Meine Erfahrung mit Polizisten, die geschossen hatten, war,
dass bei der Verarbeitung des Geschehens viele Faktoren eine
Rolle spielen: der Ablauf im Detail, die Persönlichkeit des Polizisten, die vorherige Kommunikation mit dem Angreifer usw.
Die meisten Polizisten quälen sich auch bei glasklarer Rechtsla-
ge mit einem solchen Einsatz noch lange herum. Zwar geht es
dabei nicht nur um moralische Fragen, sondern auch um solche, die in den Bereich der Traumatologie, Rechtsprechung
usw. gehören, aber die Selbstprüfung, ob es wirklich nötig war
zu schießen, nimmt einen breiten Raum ein. Nur in wenigen
Fällen – aber auch die gab es – wurde das Ereignis ohne solche
innere Not bewertet und moralisch geklärt.

Verzweigte Entscheidung

Oben habe ich die Komplexität moralischer Entscheidungen am
harmlosen Beispiel eines verführerischen Obststandes erläutert.
Man könnte sie mit einem Baum vergleichen, der sich vom
Stamm aus immer weiter verzweigt: Genauso verästelt stellt
sich die Entscheidungssituation in moralischen Konflikten oftmals dar.

Vertiefen wir das anhand eines polizeilichen Vorfalls, der vor etlichen Jahren geschehen ist: Der Polizeibeamte B. hat gerade einen Autoaufbrecher festgenommen, als der Polizeibeamte S. hinzukommt und dem Festgenommenen mit der Faust ins Gesicht schlägt. B. stellt den Kollegen mit den Worten zur Rede: „Was soll das!? Der war lammfromm. Wenn der dich jetzt anzeigt, lüge ich nicht für dich." S. antwortet: „Das ist doch sowieso die einzige Strafe, die der kriegt."

Rechtlich ist der Fall klar: Der schlagende Polizeibeamte hat eine Körperverletzung im Amt begangen, was nach § 340 StGB mit einer Freiheitsstrafe von bis zu 5 Jahren und der Entlassung aus dem Dienst geahndet werden kann. Der Beamte B. ist verpflichtet, die Straftat seines Kollegen anzuzeigen. Wenn er das unterlässt, macht er sich der Strafvereitelung im Amt schuldig, ebenfalls eine Straftat, die nach § 258a StGB mit 5 Jahren Gefängnis und der Entlassung aus dem Dienst bestraft werden kann.

Wir könnten uns nun Gedanken darüber machen, warum S. zugeschlagen hat. Hatte er kurz vorher eine Begegnung mit dem Festgenommenen, in der er beleidigt worden ist? Ist er frustriert wegen mangelnder Erfolge in seiner Arbeit und einer in seinen Augen zu laschen Justiz? Neigt er zur Gewalttätigkeit? Oder hat sich aus all dem etwas zusammengebraut?

In unserem Zusammenhang interessiert uns jedoch nur die Frage: Warum hat B. seinen Kollegen nicht gleich angezeigt? In welcher inneren Konfliktsituation befand er sich?

Wir betrachten zunächst, welche Motive für eine Anzeige sprechen und welche dagegen. Auf beiden Seiten versuchen wir außerdem, zwischen eigennützigen und uneigennützigen Motiven zu unterscheiden.

Für eine Anzeige sprechen:

- B. ist ehrlich empört. Das Verhalten von S. widerspricht dem polizeilichen Ethos und soll sich nicht wiederholen. Eine Anzeige wäre dafür das wirksamste Instrument. Sie entspränge einem uneigenützigen Motiv.
- Eine Anzeige ist dienstliche Pflicht. B. hat einen Eid darauf geleistet, die Gesetze zu befolgen. Dazu gehört es, Straftaten zu verfolgen.

Was aber kann ihn dazu bringen, dieser Pflicht auch tatsächlich nachzukommen?

a) Wenn herauskommt, dass er eine fällige Anzeige nicht erhoben hat, kann er einer Straftat bezichtigt werden und seinen Beruf verlieren. Dass dies nicht geschieht, liegt in seinem eigenen Interesse.

b) Eine solche Konsequenz empfände er im Grunde auch als gerecht, denn ihm ist wichtig, dass die Polizei, der er angehört, nach klaren rechtlichen Prinzipien arbeitet. Insofern hat er ein moralisches Motiv, seine Pflicht zu erfüllen.

c) Zu seinem Selbstverständnis gehört ein hoher moralischer Standard. Wenn er dem zuwider handelt, beschädigt er das Ansehen, das er vor sich selbst hat. Indem er diesem Standard gerecht zu werden versucht, verwirklicht er zugleich eigennützige *und* uneigennützige Ziele.

- S. könnte ein Kollege sein, der sich schon zum x-ten Mal daneben benimmt. Jetzt muss endlich etwas dagegen unternommen werden – ein uneigennütziges Motiv.
- Oder: S. hat sich zwar dienstlich noch nie etwas zuschulden kommen lassen, aber B. mag ihn einfach nicht, und kann jetzt die Gelegenheit nutzen, ihm eins auszuwischen. Das wäre ein eigennütziges Motiv.
- usw.

Gegen eine Anzeige sprechen:

- S. ist vielleicht ein geschätzter Kollege. B. weiß nicht, was in ihn gefahren ist. Ehe er etwas unternimmt, möchte er wissen, was mit ihm los ist – ein selbstloses Anliegen.
- Eine Anzeige kann S. den Job kosten. Das will B. ihm nicht antun. Deswegen kritisiert er zwar sein Verhalten, lässt es aber nicht zum Äußersten kommen. In gewisser Weise ist dies ein moralisches Motiv, denn es gründet in Mitgefühl und Kollegialität, zwei wichtigen Werten.
- Unabhängig davon, was für ein Mensch S. ist: B. ist ihm einfach als Kollege verbunden. Die Dienstgruppe hält zusammen. Deswegen widerstrebt ihm eine Anzeige. Auch hier sind eigennützige Beweggründe nur schwer von moralisch guten zu trennen, denn in der Verbundenheit mit anderen Menschen ist, wie das Wort Verbundenheit schon sagt, die Grenze zwischen den beteiligten Personen bis zu einem gewissen Grade aufgehoben.
- Es könnte sein, dass die Dienstgruppe B. nach einer Anzeige als Nestbeschmutzer ansieht, so dass er künftig einen schweren Stand haben wird. Diese Sorge bezieht sich auf sein eigenes Wohl.
- Es könnte auch sein, dass in der Dienstgruppe schon öfter ähnliche Dinge geschehen sind, die nicht angezeigt wurden. Dadurch hat jeder jeden in der Hand. Dies wäre die Steigerung des Vorherigen: Alle haben Angst voreinander, auch B.

Vielleicht spielen noch weitere Aspekte eine Rolle, etwa die Stellung von S. und B. in der Gruppe: Ist einer von beiden ein informeller Führer oder umgekehrt ein Außenseiter? Wie geht die Dienststellenleitung mit solchen Vorkommnissen um? usf. Doch dürfte die Vielschichtigkeit moralischer Entscheidungen bereits deutlich geworden sein: Zum Teil stehen Werte gegen andere Werte (z.B. Kollegialität versus Gesetzestreue), oder Werte sind mit widersprüchlichen Interessen verwoben. Das macht es schwierig, eine Entscheidung zu treffen, erst recht, wenn es schnell gehen muss.

B. versucht daher einen Kompromiss: Er kritisiert S. und kündigt an, ihn nicht zu schützen, sollte es zu einer Anzeige kommen. Aber er selbst erstattet keine Anzeige.

Tatsächlich hat er damit nicht Gutes bewirkt, denn bereits die Ankündigung, S. im Ernstfall nicht zu decken, führte dazu, dass die Kollegen ihn mieden. Er hat dann die Dienststelle gewechselt.

Ich habe den Fall mehrmals in Ethikseminaren durchgespielt. Meist hatten die Teilnehmer großes Verständnis für B.s Kompromissversuch, denn sie hätten ebenfalls zwischen Kollegialität und Rechtstreue geschwankt. Es gab aber auch andere Vorschläge. Eine strengere Reaktion, die aber immer noch einen gewissen Kompromisscharakter hätte, wäre: „Ich gebe dir jetzt eine halbe Stunde Vorsprung, damit du dich an der Dienststelle selbst anzeigst. Dann wird deine Strafe geringer ausfallen, als wenn ich das melde. Wenn du dich jedoch nicht anzeigst, werde ich das tun."

Sehr konfrontativ hingegen wäre folgende Reaktion: „Ich bin total sauer – nicht nur, weil du den Festgenommenen geschlagen hast, sondern auch, weil du *mich* damit in eine schwierige Lage bringst. Ich lasse mir nicht gefallen, dass du das zu meinem Problem machst. *Du* hast Mist gebaut! *Du* bist für die Folgen verantwortlich!"

Oberste Prinzipien

Trotz – oder gerade wegen – der Verschiedenartigkeit und Wandelbarkeit moralischer Überzeugungen hat es schon immer Versuche gegeben, Regeln, Prinzipien oder Gebote zu formulieren, die über alle Unterschiede hinweg und möglichst für alle Zeiten Geltung haben sollen. Sie sollen gewissermaßen den Extrakt all dessen darstellen, was für das Zusammenleben wünschenswert und geboten ist, auch wenn im Einzelfall über die korrekte Auslegung gestritten werden kann. Einige der wirkmächtigsten Regeln will ich hier aufführen. Ich beschränke mich dabei auf den sogenannten abendländischen Kulturkreis, denn in ihm hat sich unser Selbstverständnis herausgebildet. Er ist in wichtigen Punkten auch prägend für die Vereinten Nationen geworden. Ähnliche Leitregeln hat es aber auch in anderen Kulturen gegeben, etwa im chinesischen Konfuzianismus oder in den 5 Silas (Tugendregeln) des Buddhismus.

Die Zehn Gebote (Dekalog)

Sie bestehen, wie der Name schon sagt, nicht aus einem einzigen Leitsatz, sondern aus einem ganzen Katalog. In seiner Kürze und Prägnanz hat er unsere Kultur geprägt. Viele Menschen können den Dekalog auswendig, und zumindest die nicht auf Gott bezogenen Gebote, wie das Verbot zu töten, finden bis heute allgemeine Zustimmung und sind teilweise auch in unsere Gesetze eingegangen.[13]
Der biblischen Überlieferung nach wurden die 10 Gebote Moses auf dem Berg Sinai von Gott auf steinernen Tafeln[14] überreicht.

Das ist natürlich nur als Sinnbild zu verstehen. Es veranschaulicht die besondere Würde und Bedeutsamkeit dieser Gebote.

Die Goldene Regel

Sie war Allgemeingut der antiken Philosophie: „Alles, was ihr wollt, das euch die Leute tun, das tut ihnen auch." Auch Jesus zitiert diese Regel in einem seiner Gespräche.[15] Im Deutschen gibt es eine Version als Kindervers, allerdings negativ gewendet: „Was du nicht willst, das man dir tu, das füg' auch keinem andern zu!"

Egal, wie herum man diese Regel formuliert: Sie stellt in ihrer Einfachheit eine schlüssige Zusammenfassung moralischer Forderungen dar, und zwar durch das sogenannte Prinzip der *Reziprozität* – am besten vielleicht übersetzt mit *Wechselseitigkeit*: Um richtig zu handeln, muss ich nicht sämtliche moralischen Regeln kennen, sondern nur bedenken, was ich mir für mich selbst wünsche – dann weiß ich auch, was der andere Mensch braucht. Zwar lassen sich auf diese Weise nicht alle moralischen Fragen lösen, aber für vieles gibt diese Regel eine gute Orientierung.

Das Prinzip der Wechselseitigkeit gehört vermutlich zu den ursprünglichsten Grundsätzen und könnte sich aus den Arbeitsbeziehungen früher Stammesgesellschaften herleiten: Die Kooperation etwa beim gemeinsamen Fischfang und die Verteilung der Beute erforderten ein System von Rechten und Pflichten, auf das sich alle verlassen konnten. Eigennutz und gemeinsames Interesse gingen dabei Hand in Hand. Dieses Prinzip ließ sich auf andere Bereiche des sozialen Lebens übertragen. In komplexeren Gesellschaften mussten dann abstraktere Prinzipien wie der Kategorische Imperativ hinzutreten.[16]

Das Liebesgebot

Ein Variante des Wechselseitigkeitsprinzips findet sich im biblischen Liebesgebot. Es lautet: „Liebe deinen Nächsten wie dich selbst!" und steht bereits im Alten Testament, der heiligen Schrift der Juden.[17] Jesus beantwortet damit die Frage, welches das höchste, wichtigste Gebot sei. Zur näheren Erläuterung erzählt er die berühmt gewordene Geschichte vom barmherzigen Samariter.[18]

Auch das Liebesgebot geht davon aus, dass wir für unser Verhalten gegenüber anderen Menschen einen unmittelbar zugänglichen Maßstab haben – nämlich uns selbst bzw. unsere Eigenliebe. Mit Nächstenliebe ist ja nicht die erotische Liebe oder etwas Romantisches gemeint, sondern die Bereitschaft, die Bedürfnisse des anderen Menschen ebenso im Blick zu haben wie die eigenen. Polizeianwärtern habe ich das gerne als Faustregel für ihren künftigen Beruf vorgeschlagen: Wenn sie sich beispielsweise vor Augen halten, wie sie als Autofahrer bei einer Verkehrskontrolle angesprochen werden möchten, dann wissen sie auch, welchen Ton sie als Polizist oder Polizistin bei einer solchen Maßnahme anschlagen sollten.

Der kategorische Imperativ

Ein Klassiker jeder Ethik ist der Kategorische Imperativ Immanuel Kants, der von 1724 bis 1804 in Königsberg, dem heutigen Kaliningrad, lebte. Kant zählt zu den wichtigsten Philosophen der Aufklärung, der Zeit vor der französischen Revolution, und ist als solcher gut zu erkennen an einem seiner wenigen Sätze, die leicht verständlich sind: „Habe Mut, dich deines eigenen

Verstandes zu bedienen!"[19] Diese Forderung war zu seiner Zeit keineswegs selbstverständlich.

Kant hat den kategorischen Imperativ in verschiedenen Fassungen niedergelegt. Eine lautet: „Handle so, dass die Maxime [also die Leitlinie; FR] deines Willens jederzeit zugleich als Prinzip einer allgemeinen Gesetzgebung gelten könnte."

Hier hat Kant – anders als die bisher genannten Leitsätze – nicht eine Begegnung zwischen mir und einem Mitmenschen vor Augen. Auch sind nicht meine Bedürfnisse der Maßstab, an dem ich erkennen kann, was dem anderen Menschen gut tut, sondern die Verallgemeinerbarkeit meiner Absichten: Sie sollten als Prinzip einer allgemeinen Gesetzgebung gelten können, d.h so beschaffen sein, dass auch jeder andere danach handeln könnte. Wir argumentieren ähnlich, wenn wir jemanden mit den Worten tadeln: "Wenn das jeder machen würde ...!"[20]

Artikel 1 des Grundgesetzes

„Die Würde des Menschen ist unantastbar." Der erste Satz des Grundgesetzes steht wie ein großes Rufzeichen vor allen folgenden Gesetzen und beansprucht, so etwas wie der Schlüssel zu deren Verständnis zu sein. Kaum ein Gesetzesparagraph hat eine derart große Wirkung entfaltet wie dieser. Mir selbst ist seine Bedeutung erst durch meine Arbeit in der Polizei bewusst geworden. Ich sehe eine enge Verwandschaft zwischen ihm und dem biblischen Liebesgebot – und zwar formal, d.h. in seiner Beziehung zu anderen Gesetzen, wie auch inhaltlich. Im Kapitel *Würde, Ehre und Anerkennung* werde ich darauf näher eingehen.

Ursprünglich handelt es sich beim Begriff der Würde nicht um eine juristische Vokabel, sondern um eine aus der Sphäre von Philosophie und Ethik. Dass er heute in unserem Rechtswesen eine so zentrale Rolle spielt, unterstreicht, wie wichtig Ethik und Moral für die Gesellschaft sind. Schon der zweite Satz des Grundgesetzes verdeutlicht, warum das auch und gerade für die Polizei gilt. Er lautet: „Sie [die Würde] zu achten und zu schützen, ist Verpflichtung aller staatlichen Gewalt." Damit ist eine moralische Maxime zum Leitsatz allen staatlichen und damit auch polizeilichen Handelns erhoben.

Tugenden und Sünden

Einen anderen Versuch, so etwas wie einen moralischen Kompass zu schaffen, stellen die vier Kardinaltugenden dar, welche in der Antike formuliert wurden. Das Wort „Kardinal" bezieht sich hier nicht auf ein kirchliches Amt, sondern (wie der kirchliche Titel auch) auf das lateinische *cardo* = Türangel, Drehpunkt. Mit den Kardinaltugenden sind also die wichtigsten Tugenden gemeint, gewissermaßen Eckpfeiler der Gesinnung.

Worin unterscheiden sich Tugenden und Werte? Gemeinsam ist ihnen, dass sie etwas Positives, Anzustrebendes benennen. Während aber beispielsweise der *Wert der Gerechtigkeit* einen wünschenswerten Zustand bezeichnet, ein Ziel, das ich mit meinem Verhalten zu erreichen versuche, meint *Gerechtigkeit als Tugend* eine Haltung, den Gerechtigkeits*sinn*, also einen Wesenszug, der mich als Menschen auszeichnet.

Mit dem Begriff der Tugend wird auf etwas Wichtiges hingewiesen, das stets im Spiel ist, wenn wir über richtiges Verhalten nachdenken. Es geht dann nämlich nicht nur um die Ziele, die Menschen zu verwirklichen suchen, nicht nur um die Umstände, unter denen sie das tun, und auch nicht allein um gute Argumente für die eine oder die andere Entscheidung, sondern genauso um ihre Persönlichkeit, ihren Charakter. So kann ich zwar davon überzeugt sein, dass persönliche Freiheit ein hoher Wert sei, wenn ich aber ein Feigling bin, werde ich es schwer haben, solche Freiheit einzufordern und zu verwirklichen.

Als die vier Kardinaltugenden gelten seit Platon:[21]
- Sophia (Klugheit)
- Dikaiosyne (Gerechtigkeit)

- Andreia (Tapferkeit)
- Sophrosyne (Mäßigung/Besonnenheit)

Gelegentlich habe ich in der Fortbildung mit Polizeibeamtinnen und -beamten aus diesen Grundtugenden spielerisch ein polizeiliches Anforderungsprofil erstellt. Die Kardinaltugenden beschreiben nämlich, wie ich finde, nicht nur allgemein wünschenswerte Tugenden, sondern solche, die besonders auch für die Polizeiarbeit gelten können.

Zur Illustration will ich zwei Begebenheiten schildern, die ich miterlebt habe.

Tapferkeit: „Wir gehen da jetzt rein!"

Eine Silvester-Nacht in der Einsatzzentrale der Polizei: Kurz nach Mitternacht werden zahlreiche Wohnungsbrände gemeldet – in einigen Stadtteilen so viele, dass die Feuerwehr aus benachbarten Vierteln hinzugezogen werden muss – und das dauert natürlich.

Vor einer dieser brennenden Wohnungen steht die Besatzung eines Streifenwagens und fragt über Funk: „Wo bleibt denn die Feuerwehr?" Antwort: "Die Feuerwehr ist unterwegs." Kurze Pause, dann wieder die Beamten: „Wir glauben, dass da noch jemand drin ist. Wir gehen da jetzt rein." Nach einer Weile melden sie sich erneut: „Da war noch jemand drin. Wir übergeben die Person jetzt (inzwischen sind andere Kräfte eingetroffen) und fahren zurück zur Wache."

Diese kleine Szene, die im Trubel dieser Nacht vermutlich keine weitere Aufmerksamkeit gefunden hat und vielleicht nicht einmal den beteiligten Beamten in besonderer Erinnerung geblieben ist, rührt mich immer noch, wenn ich davon erzähle.

Ich sehe in dem nüchternen und entschlossenen Eingreifen der beiden Polizisten, die sich ohne Zögern in Gefahr begeben haben, eine ganz ursprüngliche Menschlichkeit. Sie tut das, was für den anderen, den Nächsten, nötig ist, ohne von sich selbst irgendein Aufheben zu machen. Für mich hat das im Grunde etwas Mystisches – nicht im Sinne der meditativen Versenkung, sondern einer Bereitschaft, sich von etwas Größerem in Dienst nehmen zu lassen. Dass sie so aber auch *handeln* konnten, erforderte *Mut* bzw. *Tapferkeit*.

Besonnenheit: „Wir müssen beruhigen!"

Mehrere Beamte der Davidwache auf St. Pauli sind von unbekannten Tätern brutal angegriffen worden, ein Polizist wurde schwer verletzt. Zwei Tage später sitzt die Dienstgruppe beisammen und berät über den Vorfall. In der Presse ist ein reißerischer Artikel erschienen, der für die Zukunft den Gebrauch der Schusswaffe ankündigt. Ein Beamter sagt: „Was soll das!? Wir müssen die Lage beruhigen, nicht auch noch aufpeitschen. Wer soll das machen, wenn nicht wir!?" Die Gruppe nickt.

Diese Reaktion hat mich beeindruckt. Verständlich wäre auch der Ruf nach einer harten Gangart gewesen. Stattdessen bewies die Gruppe *Klugheit* und *Besonnenheit*. Sie ließ sich von ihrer großen Betroffenheit nicht beherrschen, sondern bedachte, was für das weitere Zusammenleben im Viertel und in der Stadt wichtig sei. Eine menschlich und – wie ich mit Blick auf Aristoteles sagen möchte – auch philosophisch beachtliche Leistung.

Klugheit als die Fähigkeit, unter die Oberfläche der Dinge zu blicken, Wesentliches von Unwesentlichem zu unterscheiden, Prioritäten zu setzen und die richtigen Mittel zu wählen, dürfte eine im Polizeiberuf unverzichtbare Fähigkeit sein. Streng genommen ist sie keine moralische, sondern eine instrumentelle Fähigkeit, aber sie ist unerlässlich, wenn es darum geht, gute Entscheidungen zu treffen – und das gilt dann eben auch für moralische Entscheidungen.

Gerechtigkeit darf von Gesetzeshütern in einer Demokratie selbstverständlich erwartet werden.

Ohne *Tapferkeit* – moderner vielleicht: Mut – lässt sich kaum ein Verbrecher fangen, kein Ertrinkender retten, kein Vorgesetzter belehren.

Mäßigung oder *Besonnenheit* wird – wie die Gerechtigkeit – selbstverständlich von der Polizei erwartet, am greifbarsten im Grundsatz der Verhältnismäßigkeit.

Schlechte Tugenden?

In der deutschen Polizeitradition galten und gelten noch andere Tugenden als wichtig, zum Beispiel Disziplin, Zuverlässigkeit und Ehrlichkeit. Auch sonst ist der Wert von Zuverlässigkeit und Disziplin unbestreitbar. Es entsteht allerdings ein Problem, wenn diese Eigenschaften nicht von übergeordneten moralischen Prinzipien geleitet werden. Der Politiker Oskar Lafontaine hat einmal zu Tugenden wie Pflichtgefühl und Standhaftigkeit, die dem damaligen Bundeskanzler Helmut Schmidt viel bedeuteten, den bösen, aber wahren Satz gesagt, das seien Sekundärtugenden, mit denen man auch ein KZ betreiben könne.[22] In der Tat haben ja auch die Offiziere der SS in den Vernichtungslagern solche Tugenden hochgehalten.

Es kommt darauf an, welchem Ziel meine Disziplin, meine Treue, meine Zuverlässigkeit dienen. Dies hat schon Kant so gesehen: Für ihn zählte nur der gute Wille als Primärtugend. Fehle dieser, könnten alle anderen Tugenden „äußerst böse und schädlich werden."[23]

Im Neuen Testament wird ein ähnliches Problem verhandelt: Immer wieder geriet Jesus in Streit mit Menschen, die nach seiner Auffassung übertrieben gesetzestreu waren und darüber den eigentlichen Sinn von Vorschriften vergaßen. Er übertrat deshalb einige Male geradezu provokativ das Gesetz. So heilte er am Sabbat, am Feiertag, an dem jede Art von Arbeit verboten war, einen Kranken. Ein andermal rechtfertigte er eine harmlose Verletzung der Sabbat-Ruhe mit dem Satz: „Der Sabbat ist für den Menschen da, nicht der Mensch für den Sabbat."[24] Allgemeiner: Das Gesetz ist für den Menschen da, nicht der Mensch für das Gesetz. Gleiches gilt für die Sekundärtugenden: Sie müssen dem Menschen dienen, wenn sie einen moralischen Wert haben sollen.

Todsünden

Moralische Leitsätze lassen sich positiv oder negativ formulieren: positiv als Gebote, Werte und Tugenden oder negativ als Verbote, Tabus, Sünden oder Laster. Das Ziel ist das gleiche, dieselbe Sache wird nur von unterschiedlichen Seiten betrachtet.

So kann man die mittelalterlichen Todsünden als das negative Spiegelbild der Kardinaltugenden betrachten. Es führt vor Augen, wie verderblich es ist, wenn anstelle der Tugenden folgende Hauptlaster[25] den Menschen beherrschen:

- Superbia (Hochmut)
- Avaritia (Geiz, Habgier)
- Luxuria (Ausschweifung, Genuss-Sucht)

- Ira (Zorn, Rachsucht)
- Gula (Völlerei, Gefräßigkeit, Maßlosigkeit)
- Invidia (Neid, Eifersucht, Missgunst)
- Acedia (Faulheit, Feigheit, Trägheit)

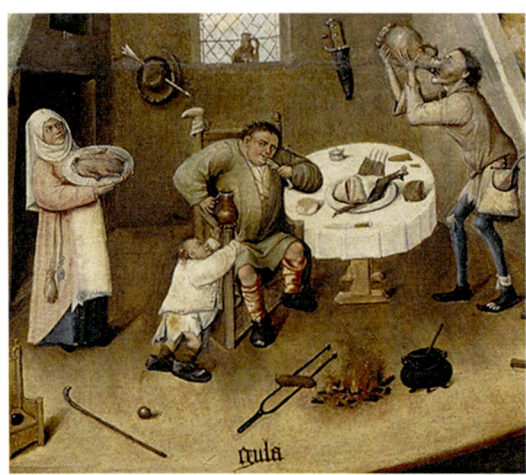

Hieronymus Bosch, Die sieben Todsünden
Gula – Die Völlerei (Ausschnitt)
Wikimedia Commons

Wie man sieht, lassen sich die ursprünglich lateinischen Begriffe unterschiedlich übersetzen. In allen Fällen handelt es sich interessanterweise um Eigenschaften, die, würden sie gemäßigter auftreten, gut und schön wären. So ist Hochmut etwas Schlechtes. Das extreme Gegenteil wäre Unterwürfigkeit – ebenfalls nichts Gutes. Wünschenswert hingegen, so schon Aristoteles, wäre etwas Mittleres: gesunder Stolz im Sinne von Selbstbewusstsein. Das lässt sich mit allen Hauptlastern durchexerzieren: Geiz z.B. ist schädlich, Verschwendung ebenfalls, Großzügigkeit hingegen wäre wünschenswert.

Polizistinnen und Polizisten erleben täglich, wie machtvoll Laster sind. Man könnte sagen: Sie sind überhaupt der Grund dafür, dass wir die Polizei brauchen. Denn die meisten Probleme und Verbrechen, derentwegen die Polizei aktiv werden muss, erwachsen aus Eifersucht, Zorn, Gier, Rachsucht und Faulheit.

Man kann sich natürlich auch selber fragen: Wieviel von all dem entdecke ich bei mir oder im Kollegenkreis? Wieviel Neid ist im Spiel, wenn wir um gute dienstliche Beurteilungen konkurrieren? Trete ich Bürgern oder Mitarbeitern freundlich oder herablassend gegenüber? Wie gehe ich mit meinem Zorn um? Derlei Regungen an sich zu bemerken, ist keine Sünde. Problematisch ist es, sich ihnen zu überlassen.

© DER SPIEGEL 43/2016

Man merkt Lasterkatalogen wie den sieben Todsünden allerdings ihren altertümlichen Charakter an. Allein das Wort „Laster" wirkt ein wenig verstaubt. Und während die vier Grundtugenden bei Platon und Aristoteles philosophisch durchgearbeitet und auf einander bezogen sind, erscheinen die sieben Hauptlaster als eine etwas unsystematische Aneinanderreihung kritikwürdiger Einstellungen. Die Phantasie von Künstlern haben sie gleichwohl immer wieder beschäftigt. Wir finden sie in den Gemälden von Hieronymus Bosch ebenso wie im modernen Film. So verhandelt Martin Scorseses Film „The Wolf of Wallstreet" Hochmut und Gier, Marco Ferreris „Das große Fressen" Völlerei und Ausschweifung, Michael Winners „Ein Mann sieht rot" Zorn und Rache (wie auch ungezählte weitere Filme dieses Genres), eine Staffel von Filmen des

Krimiautors Henning Mankell das Thema Eifersucht, Federico Fellinis „La dolce vita" die Trägheit. Die Reihe ließe sich endlos fortsetzen.

Selbst in Managementseminaren kann man die Todsünden als Ausgangspunkt für eine Beschäftigung mit dem eigenen Führungsstil finden.

Worauf kommt es an?

Jede Ethik muss sich mit der Frage befassen, worauf moralische Urteile letztlich fußen. Worauf muss ich in erster Linie achten, um zu entscheiden, ob eine Handlung richtig oder falsch ist, gut oder böse? Sind es die Ziele, die jemand verfolgt, oder die Mittel, die er einsetzt? Sind es die inneren Motive oder die Ergebnisse seines Tuns? Ist es vor allem sein Charakter? Und: Was bringt uns überhaupt dazu, nach dem moralisch Guten zu streben?

In der Antwort auf diese Fragen haben sich verschiedene Ethikmodelle gebildet, von denen ich die wichtigsten skizzieren will.

Tugendethik

Für Aristoteles ging es in der Ethik vor allem um die wünschenswerten *Tugenden*. Alle Menschen streben nach Glück. Das erreichen sie aber nicht im hemmungslosen Genuss, sondern im klugen Umgang mit ihren Gefühlen und Leidenschaften. Deswegen ist Klugheit für Aristoteles die wichtigste Tugend. Sie findet das rechte Maß zwischen den Extremen.[26] Eine gute Mitte etwa zwischen Feigheit und Tollkühnheit ist die Tugend der Tapferkeit. Für Polizisten ist das leicht einzusehen: Sie müssen sich mancherlei Gefahren stellen, dies aber mit Augenmaß und Verantwortungsgefühl, ohne dem Jagdtrieb oder umgekehrt der Angst zu verfallen.

Dieses rechte Maß, so Aristoteles, darf man nicht mit Mittelmäßigkeit verwechseln. Es führt sowohl zum sozial angemessenen Verhalten wie auch zum persönlichen Glück, der *Eudaimo-nia*, und wunderbarerweise, möchte man hinzufügen, auch zum Wohl anderer.

Konsequentialistische Ethik

In einer *konsequentialistischen bzw. teleologischen Ethik* (nicht zu verwechseln mit *theo*logisch!) wird eine Handlung danach beurteilt, welche Konsequenzen sie hat bzw. welchem Ziel sie dient.[27] (Das griechische *telos* heißt *Ziel*.) Als Beispiel aus dem Polizeiberuf könnten wir wieder das Problem der Gewaltanwendung nehmen: Ein radikaler Pazifist lehnt Gewalt unter allen Umständen ab, weil sie seiner Meinung nach immer moralisch schlecht ist. Er könnte deshalb den Polizeiberuf nicht ergreifen. Ein Polizist oder eine Polizistin würde jedoch antworten: Wenn ich Gewalt anwende, dann nur, um einem höheren Zweck zu dienen, beispielsweise, um das Leben eines anderen Menschen zu retten, oder um eine Demonstration zu schützen usw. Wenn diese Ziele moralisch gerechtfertigt sind (und auch keine anderen Mittel zur Verfügung stehen!), dann ist die Anwendung von Gewalt moralisch gerechtfertigt. Dies ist eine teleologische Argumentation.[28]

Utilitarismus

Eine Spielart der teleologischen Ethik ist der *Utilitarismus*, als dessen Begründer der englische Philosoph Jeremy Bentham (1748-1832) gilt. Das lateinische *Utilitas* heißt *Nützlichkeit*, was manche zu der Fehldeutung verleitet hat, der Utilitarismus sei eine im Grunde kalte und egoistische Ethik. Jedoch gilt dem

Utilitarismus *das größtmögliche Glück der größtmöglichen Zahl* von Menschen als moralisch zu erstrebendes Ziel. Der Ausdruck *größt*möglich berücksichtigt, dass moralische Entscheidungen nur selten zur völligen Zufriedenheit *aller* Beteiligten ausfallen können.

Pflichtethik

Eine *Pflichtethik* oder *deontologische Ethik* (von *deon* = Pflicht) lässt die Folgen eines Tuns zwar nicht gänzlich außer Acht, aber das moralische Urteil fällt über die *Absicht* des Handelnden. Entscheidend ist, ob diese den moralischen Pflichten, z.B. der, nicht zu lügen, entspricht. Max Weber hat diesen Typus *Gesinnungsethik*[29] genannt. Ihr bekanntester Vertreter ist Immanuel Kant, der sich in einem berühmten Beispiel sogar dafür ausspricht, einem Mörder wahrheitsgemäß Auskunft zu geben, wenn dieser nach einem versteckten Flüchtenden fragt. Für Kant gilt selbst in so einem Fall die absolute Pflicht zur Ehrlichkeit. Denn ohne Ehrlichkeit würde die Basis des gesellschaftlichen Zusammenhaltes zerstört (was allerdings, genau besehen, ein teleologisches Argument ist).[30] Falls der Mörder nach meiner Auskunft den Geflüchteten töte, liege dies in seiner Verantwortung, in meiner liege es, ehrlich Antwort zu geben.

So befremdlich dieses Diktum von Kant zunächst wirken mag: Gesinnungsethische Argumente haben den Vorzug, vor einer allzu schnellen Anpassung von Prinzipien an sogenannte Sachzwänge zu schützen. Wie oft verwenden Menschen den Ausdruck „Notlüge", wenn sie in Wirklichkeit ohne Not, nur um eine kleine Unbequemlichkeit zu vermeiden, lügen.

Auch das in Deutschland bestehende Folterverbot oder das Verbot, ein Passagierflugzeug abzuschießen, welches Terroristen über einer Stadt zum Absturz bringen wollen, trägt Züge einer prinzipienorientierten Pflichtethik. Denn anders, als es eine einfache utilitaristische Rechnung ergeben würde (um eine ganze Stadt – die größtmögliche Zahl! – zu retten, müssen leider die vergleichsweise wenigen Insassen eines Flugzeuges geopfert werden), schiebt das Bundesverfassungsgericht dieser Option unter Hinweis auf die Menschenwürde ganz grundsätzlich einen Riegel vor, selbst wenn keine andere Option in Sicht ist.

Die *Bergpredigt Jesu* mit ihren radikalen Forderungen wie „Wenn dir einer auf die rechte Backe schlägt, halte ihm auch die andere hin"[31] wird ebenfalls oft als Gesinnungsethik bezeichnet. Nach meiner Ansicht passt sie jedoch nicht in die vorhandenen Modelle. Ich verstehe sie nicht als konkrete Handlungsanweisung, sondern als Denkanstoß, als eine Lehre, die keine logischen Begründungen liefert, sondern mit zugespitzten Forderungen die üblichen Reiz/Reaktionsschemata von Gewalt und Gegengewalt aufbrechen will. Ähnlich tun das, in einem anderen Zusammenhang, zen-buddhistische Koans mit ihren oft seltsamen, paradoxen Ratschlägen.[32] Grundsätzlich lehrt die Bergpredigt Barmherzigkeit und Sanftmut, aber im Einzelfall sind nicht Rezepte gefragt, sondern ein kreativer Umgang mit den jeweiligen Herausforderungen.

Narrative Ethik

Auch die *narrative, d.h. erzählende Ethik* behauptet, dass wir richtiges Handeln nicht so sehr anhand einer systematisch hergeleiteten Begründung erkennen, sondern eher intuitiv in der unmittelbaren Begegnung.[33] Sie beschreibt deshalb moralische Konflikte möglichst so anschaulich, dass sich beim Leser eine *Intuition*, ein Gefühl für das Richtige einstellt.

Bereits Jesus hat zahlreiche Beispiele für die Überzeugungskraft von Erzählungen gegeben. Er verhandelte schwierige Fragen nicht abstrakt, sondern indem er eine Geschichte oder ein Gleichnis erzählte. Die theoretische Frage, wer alles zu den Mitmenschen gehöre, die man lieben solle, beantwortete er mit einer Geschichte – der bereits erwähnten vom barmherzigen Samariter.

Ich selbst habe im Ethikunterricht oft erlebt, dass Lehrgruppen am aufmerksamsten waren, wenn ich beispielsweise schilderte, was ich beim Überbringen einer Todesnachricht erlebt hatte. Zwar müssen solche Schilderungen durch eine theoretisch fundierte Deutung gerahmt werden, damit man sie einordnen und auf andere Situationen übertragen kann. Doch welches Verhalten nützlich oder schädlich ist, erschließt sich aus der Schilderung fast von allein.

Gemischte Begründungen

Ich meine, dass sich keine der genannten Ethiken lupenrein anwenden lässt. Jede von ihnen arbeitet wichtige Aspekte heraus, und jede von ihnen lässt Fragen offen. Moralische Entscheidungen können in verschiedenen Perspektiven betrachtet werden.

Der Soziologe Arnold Gehlen (1904–1976) ging sogar davon aus, dass bei moralischen Entscheidungen nicht nur *eine* Logik waltet, sondern „dass im Menschen eine Mehrheit moralischer Instanzen angelegt ist, über deren Entfaltung ... die Summe der je vorhandenen objektiven Umstände entscheidet." Es könne „mehrere, voneinander unabhängige Wurzeln ethischen Verhaltens[34] geben, so wie es mehrere, voneinander unabhängige Sinne gibt, die zusammenwirken können oder auch nicht."[35] Beispielsweise funktioniere das Verhalten in Familien nach anderen moralischen Regeln als das in Institutionen. Interessant sind all diese hochdifferenzierten Ethikmodelle vor allem für die sorgfältige *Nachbereitung* von Entscheidungen oder in einer Unterrichtssituation. Im wirklichen Leben kommt eher eine nicht ganz schulmäßige Mischung aus verschiedenen Konzepten zum Zuge. Oft „ruft" die Situation nach einer spontanen Antwort. Dann greifen wir, ohne groß zu überlegen, auf bewährte Grundsätze zurück und machen uns diese erst bewusst, wenn wir aus irgendeinem Grund, etwa in einem Konflikt, noch einmal darüber nachdenken müssen.

Das Umfeld

Dabei spielen nicht nur unsere eigenen moralischen Überzeugungen eine Rolle, sondern auch solche, die an uns herangetragen werden – von unserer nächsten Bezugsgruppe oder der Institution, in der wir arbeiten (zum Beispiel der Polizei), anderen sozialen Zusammenhängen wie dem Freundeskreis und der Familie, und schließlich der Kultur, in der wir leben.

Diese Erwartungen sind nicht immer deckungsgleich. So kann sich in einer Dienstgruppe eine Umgangsweise mit schwierigen Menschen einspielen, die vom offiziellen Polizeiethos abweicht. Der Soziologe Rafael Behr, ein ehemaliger Polizist, unterscheidet zwischen der offiziellen „Polizeikultur" und einer „Polizistenkultur".[36] Letztere wird von den Beteiligten als praktikabler, der Realität angemessener empfunden. Das ist ein heikles Feld und kann vielerlei bedeuten. Im ungünstigen Falle kennzeichnet es ein Verhalten, das sich Sonderrechte herausnimmt – bis hin zur Selbstjustiz, wie auf Seite 37 geschildert. Es kann aber auch eine Haltung gemeint sein, die den Grautönen der Wirklichkeit besser gerecht wird als eine buchstabengetreue Befolgung von Vorschriften. So schaut ein Polizist auch mal weg, wenn sich ein einschlägig bekannter Drogenkonsument in einer Toreinfahrt einen Schuss setzt, weil jede Art von Einschreiten, wie schon zig-mal durchexerziert, doch zu nichts führen würde.

Letztlich tragen die Polizeibeamtinnen und -beamten selber die Verantwortung für solche Entscheidungen, aber sie werden davon beeinflusst, welcher Geist in ihrer Dienstgruppe herrscht. Dabei wiederum spielt die Leitung der Gruppe oder Abteilung eine zentrale Rolle.

Je enger eine Gruppe zusammenarbeitet und je abhängiger ihre Mitglieder voneinander sind, desto stärker wirkt die Gruppe, zum Teil unterschwellig, auf das Verhalten der Einzelnen ein. Die Atmosphäre, das Klima, der Umgangston, die Sprache, die Haltung der tonangebenden Leute, die Themen, welche angesprochen oder vermieden werden – all das macht sich im Verhalten der Gruppenmitglieder bemerkbar.

Der Einfluss einer Gruppe reicht bis in die Wahrnehmung hinein. In einem bekannten Experiment wird eine Versuchsperson gebeten, die Länge eines Gegenstandes zu schätzen. Dies gelingt ihr meist recht genau. Danach geben andere Teilnehmer, die heimlich zu Mitwirkenden gemacht worden sind, ihre Schätzung ab. Sie wählen verabredungsgemäß einen viel zu geringen Wert. In aller Regel verunsichert dies die Versuchsperson so sehr, dass sie ihre Schätzung deutlich nach unten korrigiert, obwohl das dem Augenschein deutlich widerspricht.

Ähnlich kann man sich den Einfluss einer Gruppe in moralischen Fragen vorstellen. Je einheitlicher die Gruppe gestimmt ist und agiert, desto schwerer wird es für Einzelne, ihren eigenen abweichenden Bewertungen zu vertrauen und sie dann auch zur Geltung zu bringen.

Der Charakter

Unser Charakter beeinflusst unser Tun mindestens so stark wie unsere Überlegungen. Meist trifft er bereits Vorentscheidungen zwischen den ethischen Argumenten, die wir überhaupt in Betracht ziehen. Ob wir ängstlich oder mutig sind, unternehmungslustig oder träge, gesellig oder Einzelgänger – all das hat Einfluss darauf, wie wir anderen Menschen gegenübertreten, wie wir uns in moralischen Konflikten entscheiden und welche Werte uns besonders wichtig sind. So wird ein schüchterner Mensch in der Regel die Tugend der Zuverlässigkeit hochhalten (das ist jedenfalls meine Beobachtung), während ein Abenteurer eher den Wagemut hervorhebt.[37] Es gibt grundanständige Menschen, die einfach nicht lügen können, selbst wenn sie es wollten, während andere sich fast schon zwanghaft immer irgendwie durchschummeln. Wer eine sanftmütige Natur hat, dem gehen manche aggressiven Verhaltensweisen unüberwindbar „gegen den Strich". Wer ein dominanter Typ ist, neigt in Konfliktsituationen eher zum Durchgreifen als ein auf Ausgleich bedachter – usw.

Tief sitzende moralische Überzeugungen werden von unserem Charakter nicht nur *beeinflusst*, sondern sie sind ein *Teil* von ihm (wenn auch vielleicht einer, der mit anderen Aspekten unseres Charakters im Widerstreit steht). Aus diesem Grund beschädigt es Menschen im Kern ihrer Persönlichkeit, wenn sie gezwungen werden, beispielsweise unter Folter, gegen ihre fundamentalen moralischen Überzeugungen zu handeln.

Wesentliche Züge unserer Persönlichkeit sind schon genetisch und durch frühkindliche – vielleicht auch vorgeburtliche – Prägungen weitgehend festgelegt. Spätere Lebenserfahrungen und Einsichten können sie noch modifizieren. Aber alles in allem ist der Charakter eine recht stabile Angelegenheit.[38]

Das ist für Ethik und Moral deshalb von Bedeutung, weil es zu der Frage führt, ob wir das, was wir für moralisch richtig halten, auch tatsächlich verwirklichen können. So erzählte mir ein junger Polizeibeamter, es leuchte ihm ein, dass man eine Todesnachricht einfühlsam überbringen solle, aber er sei nun mal ein sachlicher Typ und habe es nicht so mit Gefühlen. Ich antwortete: Es sei gut, dass er das von sich wisse, denn dadurch könne er klug damit umgehen. Er könne zum Beispiel versuchen, beim nächsten Mal einen Kollegen oder eine Kollegin mitzunehmen, die diesbezüglich begabter sei – und vielleicht seien sie gerade im Zusammenwirken ihrer beider Naturen ein gutes Team.

Wenn ein Vorgesetzter einen kooperativen Führungsstil propagiert, tatsächlich aber doch am liebsten alleine entscheidet, *kann* das Heuchelei sein, es kann sich darin aber auch eine innere Not zeigen, nämlich dass er es nicht schafft, so zu handeln, wie er es eigentlich möchte. Nehmen wir an, Letzteres ist der Fall, dann hilft er sich und seinen Mitarbeitern, wenn er dieses Problem anspricht (wozu allerdings sehr viel Mut und Reife gehören). Im Idealfall schafft das Raum für einen halbwegs entspannten Umgang mit dieser Unzulänglichkeit.

Früher oder später gelangt jedes ernsthafte Nachdenken über Moral an den Punkt, an dem es nicht mehr nur darum geht, moralisch richtige Prinzipien zu erkennen, sondern auch sich selbst besser zu verstehen. Daher stand schon im alten Griechenland über dem Eingang des Apollon-Tempels von Delphi die Inschrift „Erkenne dich selbst!" Für Sokrates wurde sie zum Leitsatz seines Philosophierens.

Selbsterkenntnis

Es gibt mindestens drei Gründe, nach Selbsterkenntnis zu streben:

- Der allgemein menschliche Wissensdrang.
- Eine seelische Not, die mich zur Auseinandersetzung mit mir selbst zwingt, wobei das Wort *Not* für manches, was ich meine, vielleicht ein bisschen zu stark ist. Möglicherweise veranlasst mich nur die kritische Bemerkung eines anderen Menschen, mich zu fragen: „Bin ich wirklich so?" Oder ich spüre, dass ich in meiner Dienstgruppe nicht so richtig „ankomme". Vielleicht werde ich in bestimmten Situationen von einer übermäßig großen Angst ergriffen und ahne: Das hat nicht nur mit den Umständen oder meinen Mitmenschen zu tun, sondern vor allem mit mir selbst. Das will ich besser verstehen.
- Ein dritter Grund ist ein im engeren Sinne moralischer: Ich bereue etwas oder habe eine heikle moralische Entscheidung zu treffen und muss dafür meine Motive klären.

Im stillen Kämmerlein gelingt das schlecht. Es hilft, wenn andere Menschen uns Rückmeldung geben und mitdenken – am liebsten solche, die zugleich ehrlich und behutsam sind. Denn wenn wir ehrlich sein wollen, müssen wir auch Dingen ins Auge sehen – zum Beispiel Ängsten, Begierden oder Machtgelüsten –, die wir uns nicht gerne eingestehen.

So möchte fast jeder Mensch einen selbstbewussten Eindruck machen (und sich auch selbst so sehen). Der Polizeiberuf verstärkt diesen Wunsch, denn die Bürger sollen – und wollen das in der Regel auch – im Polizisten einen souveränen Menschen erblicken, der die Übersicht behält und schwierige Situationen meistert. Und tatsächlich erwerben sich Polizisten und Polizistinnen im Laufe ihres Berufslebens ein hohes Maß an Sicherheit. Aber sie bleiben natürlich Menschen mit Sehnsüchten, Sorgen, Unsicherheiten und Schwächen, und es ist unvermeidlich, dass sie nicht allen Anforderungen gerecht werden, zumal sie immer wieder in Grenzsituationen tätig werden müssen, in denen sich unbefriedigende Verläufe nicht vermeiden lassen. Wie sollten sie damit umgehen?

Ich habe viele Polizistinnen und Polizisten nach belastenden Einsätzen betreut. Manche waren in Lebensgefahr gewesen oder hatten grausame Dinge erlebt und mussten danach Phasen von seelischer Erschütterung und Selbstzweifeln durchstehen. Dabei war die Bewältigung des am Einsatzort Erlebten oft nur ein Teil des Problems. Genauso viel machte manchen von ihnen zu schaffen, dass sie sich *nach* dem Einsatz so schwach erlebt hatten, wie noch nie in ihrem Leben. Das passte nicht zu ihrem Selbstbild. So dienten unsere Gespräche einerseits dazu, wieder Selbstvertrauen und Lebensfreude zu gewinnen. Aber ebenso wichtig war es, sich eingestehen zu können, dass auch Schwäche und Angst zur eigenen Person gehören – und gehören dürfen!

Dies gilt nicht nur für Extremsituationen, sondern für das ganze Leben. Manche Menschen denken, das Ziel jeder Art von Selbsterkenntnis, Beratung oder Therapie müsse darin bestehen, die eigenen Schwächen zu überwinden und stark zu werden. Das ist natürlich nicht ganz falsch. Aber ein weiteres Ziel sollte sein, einen klugen Umgang mit den Schwächen zu erlernen, die man nun mal *nicht* beseitigen kann. Am schönsten ist es, wenn sich das mit ein wenig Humor paart. Es entkrampft die Beziehung zu sich selbst und zu anderen ungemein.

Mich hat gefreut, als ein Polizist, der an einer schwierigen Wache Dienst tat und hohe Leistungsansprüche an sich stellte, zum Abschluss einer längeren Reihe von Gesprächen sagte, er sei barmherziger mit sich geworden und bemerke, dass er nun auch mehr Verständnis für seine Problem-Klientel habe. Das habe seinen Umgang mit diesen Menschen deutlich entspannt.

Das Gewissen

Das Gewissen gilt als letzte Instanz, wenn es um den morali-schen Ernstfall geht. So schloss Luther 1521 seine Rede auf dem Reichtag zu Worms gegenüber dem Kaiser mit den Worten: „Daher kann und will ich nichts widerrufen, weil wider das Ge-wissen etwas zu tun weder sicher noch heilsam ist."[39] Graf Stauffenberg rechtfertigte sein Attentat auf Hitler am 20. Juli 1944: „Es ist Zeit, dass jetzt etwas getan wird. Derjenige aller-dings, der etwas zu tun wagt, muss sich bewusst sein, dass er wohl als Verräter in die deutsche Geschichte eingehen wird. Unterlässt er jedoch die Tat, dann wäre er ein Verräter vor sei-nem Gewissen."[40] Und in Art. 4 Abs. 3 des Grundgesetzes heißt es: „Niemand darf gegen sein Gewissen zum Kriegsdienst mit der Waffe gezwungen werden."

Aber was ist das Gewissen eigentlich?

Der mittelalterliche Theologe Thomas von Aquin (1224-1274) vernahm im Gewissen die Stimme Gottes. Das würde erklären, wie machtvoll das Gewissen Folgschaft verlangen kann. Aller-dings musste Thomas einräumen, dass Gewissen auch irren können. Dann, so Thomas, habe man die Stimme Gottes nicht richtig verstanden.

Für Sigmund Freud (1856-1939), den Begründer der Psycho-analyse, meldete sich im Gewissen hingegen vor allem das „Über-Ich".[41] Das war für ihn im Wesentlichen ein Niederschlag aus Erziehung, kindlichen Schuldgefühlen und sozialen Zwän-gen.

Meine Position liegt zwischen beiden Polen: Sicherlich spricht im Gewissen keine himmlische Stimme zu uns, und es wohnt auch nicht als unwandelbare Substanz in uns, sondern es wird durch Erziehung und Erfahrung mit gebildet, gefördert – oder auch beschädigt. Daher kennen wir nicht nur kraftvolle und wegweisende, sondern auch zerrissene, gequälte oder umgekehrt erstaunlich schwächliche Gewissen.

Aber es sind nicht nur auferlegte Regeln und eingepflanzte Schuldgefühle, die sich im Gewissen bemerkbar machen, sondern vor allem die Fähigkeit, mit anderen Menschen zu fühlen und uns in sie hinein zu versetzen. Darin sah der Philosoph Arthur Schopenhauer (1788–1860) die Grundlage dafür, dass wir überhaupt moralisch handeln *wollen*.[42] Wir sind von Natur keine Einzelgänger, denen andere letztlich egal sein können, sondern Gemeinschaftswesen (Aristoteles sprach vom *zoon politikon*), die sich selbst verletzen, wenn sie gegen ihr Mitgefühl handeln und sich von den Mitmenschen innerlich abschneiden.[43]

Sehr bewegend illustriert dies Bertolt Brecht in seinem Theaterstück „Der kaukasische Kreidekreis". Darin muss die Magd Krusche vor heranrückenden Truppen fliehen, als sie einen Säugling bemerkt, der von ihrer Herrschaft zurückgelassen worden ist. Wenn sie sich des Kindes annimmt, bringt sie sich selbst in Lebensgefahr. Lange ringt sie mit sich, was sie tun soll:[44]

Als sie dabei ist zu gehen und schon in der Tür steht,
meint sie ein leises Rufen zu hören.
Das Kind ruft ganz verständig:
Frau, hilf mir!
und fährt fort:
Du musst wissen,
wer einen Hilferuf nicht hört, sondern vorbeigeht,
der wird nie mehr den leisen Ruf des Liebsten hören
oder die Amsel im Morgengrauen
oder den wohligen Seufzer der erschöpften Weinpflücker beim
Abendläuten.

Da geht sie zurück, um das Kind noch einmal anzusehen,
um für einige Augenblicke bei ihm zu bleiben,
bis ein anderer käme, sich seiner anzunehmen,
die Mutter vielleicht oder irgendjemand sonst,
damit sie selbst endlich fliehen kann,
denn die Stadt ist schon erfüllt von Brand und Jammer.
Doch niemand kommt,
und Krusche schafft es nicht,
das Kind allein zu lassen.
Sie sitzt bei ihm bis zum Abend, bis in die Nacht,
bis zur Morgendämmerung.
Zu lange sieht sie das stille Atmen, die kleinen Fäuste,
bis sie morgens aufsteht, seufzend das Kind nimmt
und es wegträgt.

„Schrecklich ist die Verführung zur Güte", lässt Brecht dieses Geschehen kommentieren, denn Krusche handelt sich mit ihrem Tun viel Mühe und Not ein, aber sie hätte keine Freude mehr am Leben gehabt, wenn sie sich nur um ihr eigenes Überleben gekümmert hätte. Für immer wäre ihr das kleine, hilflose Wesen vor Augen geblieben, das sie im Stich gelassen hat. Sie hätte nicht nur dieses Menschenkind, sondern auch sich selbst verraten.

Doch Mitgefühl allein macht noch kein Gewissen aus. Es müssen *Überzeugungen* hinzukommen von dem, was wir als anständig und richtig empfinden. Überzeugungen können in Worte gefasst und gegenüber anderen vertreten werden, und sie tragen auch dann, wenn das Gefühl einmal schweigt oder von konkurrierenden Empfindungen wie Angst oder Wut bedrängt wird.

In den 1930er Jahren half der Schweizer Polizeihauptmann Paul Grüninger verfolgten Juden, in die Schweiz zu fliehen, obwohl die Schweiz ihre Grenze bereits dicht gemacht hatte. Er verletzte damit seine Dienstpflichten und wurde entlassen. Innerlich hatte er aber vermutlich keine andere Wahl, wenn er seine Selbstachtung bewahren wollte.[45]

Es kann also auch für Polizisten den Fall geben, dass sie – die Gesetzeshüter – gegen das Gesetz verstoßen müssen. Dies ist ein enormer moralischer Konflikt, denn gerade die Gesetzestreue gehört zu den unaufgebbaren Bestandteilen des Polizeiethos. Auf wessen Gesetzestreue soll man sich noch verlassen, wenn nicht auf die der Polizei? Aber selbst gegen eine derart starke Bindung muss das Gewissen unter Umständen revoltieren.

Ein Vorbild könnte Sokrates (469–399 v.Chr.) sein, der immer wieder auf eine innere Stimme lauschte. Er nannte sie seinen „Dämon".[46] Damit meinte er nicht etwas Unheimliches, was wir uns unter diesem Wort vorstellen, sondern etwas gleichsam Göttliches, das ihn vor Fehlentscheidungen bewahrte. Diese innere Stimme, die sich nur bemerkbar machte, wenn er im Begriff war, etwas Falsches zu tun, ermutigte ihn – durch ihren fehlenden Einspruch –, für seine Überzeugung sogar den Tod in Kauf zu nehmen.

Die besondere Stellung, die wir dem Gewissen einräumen, rührt also daher, dass tief sitzende moralische Überzeugungen mit unserer Identität verwoben und ein Teil von uns sind.

Deshalb plagt uns das Gewissen, wenn wir aus Bequemlichkeit, Angst oder um irgendeines Vorteils willen einer moralischen Herausforderung nicht gerecht geworden sind. Umgekehrt stärkt es uns, wenn wir uns für das Richtige entschieden haben und mit uns „im Reinen" sind.

Wir können unsere Ohren gegen die Stimme des Gewissens auch verschließen. Dann bleibt eine gewissermaßen taube Stelle in uns zurück, ein heikler Punkt, den wir vor uns selbst und vor anderen verstecken müssen – und damit auch ein Verlust an Lebensqualität. Ich denke hier an eine Dienstgruppe, die sich im Verborgenen schwere Vergehen hat zuschulden kommen lassen: Die Atmosphäre in dieser Gruppe war schon deshalb unerträglich, weil kein offener Umgang miteinander mehr möglich war.

Moral und Psyche

Der Polizeiberuf bietet tiefe Einblicke in das Menschenleben wie nur wenige andere Berufe. Wer ihn ausübt, erwirbt große Lebenserfahrung. Aber vieles davon ist traurig, erschreckend, abstoßend, ärgerlich usw. Deshalb müssen Polizistinnen und Polizisten, um emotional über die Runden zu kommen, zu vielen Geschehnissen eine professionelle Distanz aufbauen. Die sollte allerdings nicht so weit gehen, dass man nach zehn oder zwanzig Berufsjahren emotional unberührbar geworden ist. Hier einen guten Mittelweg zu finden, halte ich für eine der größten Herausforderungen des Polizeiberufes. Man kann sie mit der gefährlichen Fahrt des Odysseus vergleichen, der mit seinem Schiff zwischen den Felsen Skylla und Charybdis hindurchsteuern musste: Am einen drohte er zu zerschellen, am anderen in einem Strudel zu versinken.

Im Ethikunterricht habe ich das den angehenden Schutzleuten anhand der Erfahrungen zu vermitteln versucht, die sie im Praktikum gemacht hatten:

Ich bitte alle, ein Ereignis zu schildern, das sie emotional berührt hat. Dabei notiere ich stichwortartig die Ereignisse und in Klammern die damit verbundenen Empfindungen:

- Plötzlicher Kindstod (Hilflosigkeit)
- Tod einer jungen Frau (Angst, Mitleid)
- Gespräch mit einer dementen Frau (Unsicherheit, Traurigkeit)
- Flüchtenden Dieb gefangen (Stolz, Freude)
- Bewaffneten Mann gestellt (Angst, Wut)
- Bei Trauernden in der Wohnung (fehl am Platze)
- Schwerstverletzter Suizidant (Mitgefühl, Ekel)

- Todesnachricht für eine junge Frau (Mitleid)
- Vergewaltigtes junges Mädchen (Entsetzen, Wut)
- Ohnmächtige Kollegin (Betroffenheit)
- Tödlicher Motorradunfall (Trauer)
- Niedergestochener junger Mann / Todesnachricht für die Eltern (Stress, Mitleid, Wut auf den Täter)
- Tod einer türkischen Frau (Trauer)
- Dementer Mann im Altersheim (Traurigkeit)
- Verwahrloste, stinkende Frau (Ekel)
- Einbruch bei hilfloser Frau (Wut, Mitleid)
- Auto mit gezogener Waffe gestoppt (Angst)
- Erhängter Mann (Schreck, Schock)
- Erste Hilfe an Niedergestochenem (erst Stress, dann Freude über den Erfolg)
- Halb verweste, noch lebende alte Frau (Ekel, Mitleid)
- Beraubter Juwelier (Anerkennung für guten Einsatz)
- Frau von U-Bahn überfahren (Bedrückung)

Jeder und jede hat nur ein Ereignis erzählt, und doch ist eine beeindruckende Liste von Erlebnissen zusammengekommen, die diese, teilweise erst 18- oder 19-jährigen, Polizeischüler gesammelt haben. Sofort fällt auf, dass bedrückende Erfahrungen weit überwiegen.

Ich frage die jungen Leute, wie sie in den rund 40 Jahren ihres künftigen Berufslebens mit der Menge solcher Erfahrungen am besten umgehen könnten. Fast immer, wenn ich diese Frage stelle, so auch diesmal, kommt als Antwort ohne Zögern: „Da hilft nur Abstumpfung, sonst wird das zu viel."

Gewöhnung und Selbstschutz

Diesen Rat haben sie von den „alten Hasen" an ihrer Wache bekommen – und er scheint völlig einleuchtend. Zum einen spiegelt er den normalen und unvermeidlichen Vorgang der *Gewöhnung* wieder. Auch ein Chirurg sieht nach der x-ten OP nicht mehr einen Menschen, der unter seinem Messer liegt, sondern den Fall: das Bein, die Niere, das Gelenk. Das könnte man als einen Verlust an Menschlichkeit beklagen, aber es hat sein Gutes: Es hilft dem Chirurgen, sauber zu operieren. Wir entwickeln durch wiederholte Erfahrungen eine Sachlichkeit und Robustheit, die uns ebenso nützt wie anderen – wenn sie nicht zu weit geht (dazu später). Jeder Bürger wünscht sich im Ernstfall einen Polizisten, der kühlen Kopf bewahrt und den Überblick behält.

Zugleich geht es um *Selbstschutz*: Man schiebt einen Filter zwischen sich und die aufwühlenden Ereignisse, damit „das alles" auf die Dauer nicht zu viel wird. Dass es zu viel werden kann, ist eine berechtigte Sorge. Manche Polizistinnen oder Polizisten werden nach längeren Dienstjahren von der Menge negativer Eindrücke krank. Bei ihnen kann man von einer kumulativen Traumatisierung sprechen, von einer seelischen Verwundung, die nicht durch ein einzelnes schlimmes Ereignis eingetreten ist, sondern durch eine Anhäufung von Erfahrungen. Jede für sich war noch verkraftbar, aber in der Summe wurden sie zu viel.[47] Waren diese Beamten nicht „abgestumpft" genug?

Sich selber lieben

Hier greifen psychologische und moralische Fragen ineinander. Die erste lautet: Was tut mir gut? Die zweite: Was tut mir gut – und auch den anderen?

Ehe ich darauf antworte, möchte ich einen kleinen Umweg zum Verhältnis von Eigenliebe und Nächstenliebe machen:

Den meisten Menschen ist es selbstverständlich, für sich selber zu sorgen, und manche tun das sogar rücksichtslos. Aber es gibt auch das Gegenteil. Manche achten zu wenig auf ihr eigenes Wohl – oder sie wissen nicht, was ihnen wirklich gut tut. Vielleicht trauen sie sich nicht, eigene Ansprüche geltend zu machen, oder sie unterliegen einem übertriebenen Pflichtbewusstsein, oder sie sind durch die Umstände gezwungen, immer weiter zu funktionieren, selbst wenn sie mit ihren Kräften am Ende sind. Die möglichen Folgen sind seelische Erschöpfung, Burnout oder ein nur noch mechanisch anmutendes Dasein. Das gesunde Mittelmaß ist abhanden gekommen. Auch manche gläubige Menschen erliegen dieser Einseitigkeit, wenn sie nämlich meinen, es sei christlich geboten, sich selbst nicht wichtig zu nehmen und sich immer nur um andere zu kümmern.

Auch Polizistinnen und Polizisten, die sich vor allem als Freund und Helfer verstehen, können dieser Gefahr erliegen.

Ich weise sie gerne auf einen Aspekt des christlichen Liebesgebotes hin, der oft übersehen wird: Die Aufforderung „Liebe deinen Nächsten wie dich selbst" setzt voraus, dass Selbstliebe etwas *Normales* ist. Ja, sie ist geradezu etwas Unerlässliches, wenn ich tatsächlich anderen Menschen so viel gönnen möchte wie mir selbst. Ich kann ihnen doch nur dann freundlich gegenübertreten, wenn ich mir selber ebenfalls wohl gesonnen bin, wenn ich nicht ständig mit mir hadere, mich kritisiere, zu noch immer höheren Leistungen ansporne usw. Ich muss etwas vom Leben *haben*, damit ich etwas *geben* kann. Ich soll den anderen nicht *mehr* lieben als mich selbst, sondern „nur" *wie* mich selbst.

Manchem helfen solche Hinweise. Allerdings liegt die Ursache für übertriebene Selbstlosigkeit häufig tiefer, als dass sie mit vernünftigen Argumenten allein erreicht werden könnte. Sie bedarf dann längerer seelsorglicher oder therapeutischer Begleitung.[48]

Hilft Abstumpfung?

Während also manche, um mit der puren Menge an Zumutungen fertig zu werden, emotionale Abstumpfung empfehlen, neigen andere zur emotionalen Überforderung. Kann man beiden etwas raten? Der Rat für Letztere hat sich ja schon abgezeichnet: Ihnen würde etwas mehr Abgrenzung gut tun. Wie sieht es aber mit dem Rat zur Abstumpfung aus?

Abstumpfung bedeutet nicht nur Gewöhnung und Selbstschutz, sondern auch, dass mir eine Art Hornhaut auf der Seele wächst. Das schirmt mich vor Ärger und Leid ab – aber: Wer gegenüber dem Unangenehmen abstumpft, empfindet auch das Schöne schwächer. In unserem Gefühlsleben hängt alles miteinander zusammen. Es ist nicht möglich, lediglich die unangenehmen Empfindungen auszusortieren und die angenehmen zu bewahren. Auch kann man seine Lebendigkeit nicht bei Dienstbeginn ablegen und am Feierabend wieder hervorholen. Abstumpfung als Konzept führt auf die Dauer zu einem reduzierten Leben in allen Bereichen. Oft sind es die Ehefrauen, die das als erste bemerken. So erzählte mir ein altgedienter Beamter an einer Brennpunkt-Wache, seine Frau habe ihm gesagt, er sei zu einem Holzklotz geworden. Ähnliches habe ich auch von anderen gehört.

Wenn Abstumpfung der einzige Weg wäre, im Polizeiberuf durchzuhalten, könnte man jungen Leuten nur davon abraten, diesen Beruf zu ergreifen.

Lebendig bleiben

Sie *ist* aber nicht der einzige Weg. Unter dienstälteren Kollegen und Kolleginnen gibt es nicht nur müde und resigniert wirkende Beamte, sondern auch erstaunlich jugendliche und aufgeschlossene. Sie sind von all dem Belastenden nicht erdrückt worden und auch nicht abgestumpft. Sie haben sich ihre Empfindsamkeit und Lebendigkeit bewahrt. Wie kann das gelingen?

Das Wichtigste scheint mir, sich dieses Themas überhaupt bewusst zu sein. Dann: das eigene Gefühlsleben nicht zu unterdrücken, sondern im Gegenteil zu *pflegen*. Im Dienst müssen Polizistinnen und Polizisten oft genug mit ihren Empfindungen höchst diszipliniert umgehen. Umso mehr sollten sie zwischen ihren Einsätzen und nach Dienstschluss mit Kollegen, in der Familie, im Freundeskreis – soweit möglich – das offene Gespräch suchen, sich erlauben, auch über Schwieriges zu reden und vor allem: schöne und gute Erfahrungen suchen.

Wo die belastenden Umstände überhand genommen haben und jemand bereits mit Widerwillen zum Dienst kommt, würde ich raten, sich um eine neue Aufgabe zu bemühen, eventuell auch die Dienststelle zu wechseln. Ich denke an einen Beamten, der täglich mit einer Gruppe von schwierigen Jugendlichen zu tun hatte und sie nicht mehr sehen konnte, ohne „sofort einen dicken Hals" zu bekommen. Wer so etwas an sich bemerkt, sollte die Reißleine ziehen, selbst wenn er dadurch seinen nächsten

Karriereschritt hinausschiebt – und sein Dienstherr sollte ihm dabei helfen, was leider nicht immer geschieht. Ich habe einige Male erlebt, wie Polizistinnen oder Polizisten nach einem solchen Wechsel aufgeblüht sind und wieder Freude an ihrer Arbeit, ja am Leben gewonnen haben.

Davon profitieren Kollegen und Bürger gleichermaßen, denn ein entspannter Polizist legt einen freundlicheren Umgang an den Tag. Abstumpfung hingegen, ein dickes Fell, mindert die eigene Lebensqualität und macht zugleich im Umgang mit anderen Menschen unzugänglich, sowohl in der Dienstgruppe wie den Bürgern gegenüber. Diese erwarten von der Polizei mit Recht – anders als bei einem Chirurgen – nicht immer nur Sachlichkeit, sondern in vielen Situationen ein Mindestmaß an Einfühlsamkeit, zum Beispiel beim Überbringen einer Todesnachricht, im Umgang mit Unfallopfern oder auch nur bei der Anzeigenannahme von aufgeregten Geschädigten.

Professionelle Distanz *und* Empathiefähigkeit: Beides zu bewahren ist die große Kunst und Herausforderung.

Helfen

Einer verwirrten Frau über die Straße helfen; ein vermisstes Kind zu seinen Eltern bringen; erste Hilfe am Unfallort leisten; die Zufahrt für Rettungskräfte freihalten; geduldig die Anzeige eines aufgeregten Bürgers aufnehmen; einer verprügelten Frau sichere Obhut verschaffen; einen Suizidanten von seinem Vorsatz abbringen; einem Geschädigten seine Rechte erklären; einem bedrohten Menschen aus der Klemme helfen; jemanden aus einem brennenden Haus holen, weil die Feuerwehr noch nicht da ist; das Opfer eines Einbruchs beruhigen; einen beinahe Ertrinkenden aus dem Hafenbecken fischen: Die Polizei bekämpft nicht nur Verbrechen und sorgt für Ordnung, sondern sie ist täglich tausende Male *Freund und Helfer*.[49] Wie oft, wenn andere Behörden bereits Dienstschluss haben, wenn niemand sonst vor Ort ist, oder wenn kein anderer sich traut, einzugreifen, ist Polizei zur Stelle und hilft oder rettet in der Not!

Hilfreich zu sein, gehört zum inneren Kern polizeilichen Selbstverständnisses und ist – nebenbei – eine wichtige Quelle für die eigene Berufszufriedenheit. Es macht zufrieden und stolz, einen flüchtigen Verbrecher zu stellen, aber es macht noch glücklicher zu sehen, wie eine Mutter ihr vermisstes Kind in die Arme schließt. Das entschädigt für manchen Frust, den die tägliche Polizeiarbeit mit all dem Negativen, den Misserfolgen und Zumutungen mit sich bringt. Polizistinnen und Polizisten erzählen von solchen schönen Begebenheiten jedoch meist nur auf Nachfrage und dann eher nebenher, fast schüchtern. Vielleicht denken sie ehrenhafterweise, es gehöre sich nicht, über gute Taten zu reden. Oder rührt sie die Erinnerung daran zu sehr? Ich habe immer empfohlen, diesen Erlebnissen einen gebührenden Platz im eigenen Seelenleben einzuräumen, schon um ein Gegengewicht zum Belastenden zu schaffen.

Dass wir anderen Menschen helfen wollen, ist in unserem Mitgefühl, modern: der Empathie, angelegt und körperlich unter anderem in den Spiegelneuronen unseres Gehirns verankert. Nicht alle Menschen sind diesbezüglich gleich ausgestattet. Das wird jeder Polizist bestätigen, der Erfahrung im Umgang mit abgebrühten Verbrechern hat. Das Mitgefühl kann bis ins Biologische hinein beschädigt oder von anderen Empfindungen wie dem Rachebedürfnis ausgeschaltet werden.

Auch dort, wo es intakt ist, verwandelt es sich nicht immer in tätige Hilfe. So frage ich mich bei manchem Bettler, ob er sein Geld nicht bloß am Abend irgendeinem Gauner abliefern muss. Dazu möchte ich nichts beitragen. Wer oft genug erlebt hat, dass seine Hilfe ausgenutzt worden ist, wird argwöhnisch. Viele Menschen trauen sich auch nicht zu, die *richtige* Hilfe – etwa am Unfallort – leisten zu können. Oder sie gehen davon aus, dass andere es besser könnten. Damit lässt sich das Bystander-Phänomen teilweise erklären: Je mehr Menschen sich in der Nähe eines Hilfsbedürftigen aufhalten, desto weniger fühlen sich zur Hilfeleistung berufen. Sie warten darauf, dass ein anderer tätig wird. Für einen in Not Geratenen ist die Chance auf Hilfe am größten, wenn nur *ein* Mensch in der Nähe ist. Aber auch das ist keine Garantie, wie schon Jesus im Gleichnis vom barmherzigen Samariter gezeigt hat: Zwei Menschen gehen am Opfer eines Raubüberfalls vorbei, erst der dritte hilft.

Zum Mitgefühl muss also ein Vertrauen in die eigenen Fähigkeiten kommen, sowie der Eindruck, auch wirklich zuständig und verantwortlich zu sein. Zur Not geht es sogar ganz ohne Mitgefühl, wenn nur die *Überzeugung* da ist, dass hier geholfen werden muss – womit wir wieder bei den moralischen Werten sind.

Im christlichen Glauben gehört die Bereitschaft, anderen Menschen zu helfen, genauso zum Kernbestand wie in der Polizei. Jesus macht sie in einem Gleichnis vom Jüngsten Tag zum entscheidenden Kriterium dafür, ob jemand in das Reich Gottes aufgenommen wird.[50] Alles, was man an den Geringsten unter den Menschen unterlassen habe, das habe man auch ihm selbst verweigert. Er nennt beispielhaft sechs Notsituationen. Die dazu gehörenden Hilfen werden seitdem die *Werke der Barmherzigkeit* genannt: Hungrige speisen, Durstige tränken, Fremde beherbergen, Nackte bekleiden, Kranke und Gefangene besuchen.

In moderner Sprache könnte man das so ausdrücken: Wir verfehlen den Sinn unseres Lebens, wenn wir nur auf unser eigenes Wohl achten und die anderen Menschen in ihrer Not übersehen.

Freilich kann die Menge an negativen Erfahrungen auch im Polizeiberuf dazu führen, dass die Hilfsbereitschaft auf das unerlässliche Minimum absinkt. Daher will ich dies Kapitel mit einer Weihnachtsgeschichte aus einem Buch beenden, das Polizistinnen und Polizisten über ihre Berufserfahrungen geschrieben haben:[51] An einem Heiligen Abend hatte es sich eine Dienstgruppe in ihrem Aufenthaltsraum gemütlich gemacht, als sie zu einer Ruhestörung gerufen wurde. Herr Huber, ein – einschlägig bekannter – alter, verwirrter Mann, stand auf der Straße und brüllte herum. Auch den eintreffenden Beamten schrie er sinnlose Fragen und Kommandos entgegen. Nur mühsam war er dazu zu bewegen, wieder in seine verwahrloste Wohnung zurückzukehren. Kaum waren die Beamten zurück an der Dienststelle, ging erneut eine Beschwerde über Herrn Huber ein. Musste er nun doch, ausgerechnet am Heiligen Abend, arrestiert oder in die Psychiatrie gebracht werden? Die Beamten verfielen auf eine andere Idee: Sie packten ein paar Plätzchen und eine Flasche Glühwein ein und fuhren wieder los. Herr

Huber begrüßte sie wie vorher mit lauten Kommandos. Die Polizisten gingen jedoch freundlich auf ihn zu, überreichten ihm ihr Geschenk und sagten, dass sie nur noch einmal gekommen seien, um ihm ein frohes und gesegnetes Weihnachtsfest und ein glückliches neues Jahr zu wünschen.

Der Autor fährt fort: „Die Reaktion war umwerfend – und unvergesslich. Der verbitterte und vermeintlich böse alte Mann war plötzlich ganz still und stammelte leise vor sich hin: »Was ... was, für mich ... das ist ...?!« Er hatte Tränen in den Augen. ... Wir mussten Herrn Huber nicht mehr auffordern, wieder hineinzugehen. Er strahlte wie ein kleiner Junge über sein Geschenk und kehrte glückselig in sein Haus zurück." Den Rest der Nacht blieb es ruhig. Die Beamten hörten nie wieder etwas von Herrn Huber.

Gewalt und Gewissen

Festnahme eines Rechtsextremisten in Dortmund
© Ruhrnachrichten/Bandermann

Eine der zentralen Herausforderungen des Polizeiberufes ist der Umgang mit Gewalt – erlebter und miterlebter ebenso wie ausgeübter. Letztere berührt die „Kernkompetenz" der Polizei, denn was immer Polizei sonst noch tut – im Hintergrund steht die Erlaubnis und Fähigkeit, notfalls Gewalt anzuwenden. Dies bürdet jedem einzelnen Polizisten und jeder Polizistin, aber auch der Polizei als ganzer, große Verantwortung auf.

Meine Aufgabe als Seelsorger habe ich vor allem darin gesehen, einen nachdenklichen Umgang mit dieser Verantwortung zu fördern.[52] Hier waren Seelsorge und Ethik besonders deutlich miteinander verbunden. Einige Beispiele:

Der Grundkonflikt

Ich stehe mit einer Gruppe von Polizistinnen und Polizisten an einer Absperrung und unterhalte mich mit einer Beamtin. Die Stimmung ist insgesamt friedlich, aber einige Demonstranten beginnen, halb im Spaß, halb um herauszukriegen, wie weit sie gehen können, an der Absperrung zu rütteln und hören damit trotz einer Aufforderung, das zu unterlassen, nicht auf. Es gibt ein kleines Handgemenge, das ich nicht genau sehen kann. Dann ist wieder alles ruhig, aber die Polizistin wendet sich mir mit einem feuchten Schimmer in den Augen zu und sagt: „Ich habe da gerade einem mit dem Schlagstock auf die Finger gehauen. Nicht doll, aber ich glaube, es hat ziemlich weh getan." Dann, nach einer Pause, mit einer Art Trotz: „Aber der soll das (das Rütteln an der Absperrung) doch auch nicht tun!"

Mancher Kollege würde ihr wohl antworten: „Du bist aber zart besaitet. Das war doch rechtlich einwandfrei, und der hat das selber provoziert. Das muss dir doch keinen Kummer machen."

Mir scheint jedoch, dass sich in dieser kleinen Szene der Grundkonflikt bei der Anwendung von Gewalt zeigt: Auch dann, wenn Gewalt legal und verhältnismäßig ist, kann sie ein elementares Empfinden in uns verletzen. Das hängt mit der uns allen – vermutlich in verschiedenem Maß – gegebenen Empathiefähigkeit zusammen, oder einfacher ausgedrückt: mit unserem Mitgefühl. Was ein anderer erleidet, berührt auch uns. So lautet denn auch eine der ersten moralischen Regeln, die wir als Kinder lernen: „Was du nicht willst, das man dir tu, das füg' auch keinem andern zu."[53] Sie leuchtet uns unmittelbar ein – solange unsere Einfühlsamkeit nicht von konkurrierenden Regungen wie Angst, Hass oder Gier überlagert oder durch biographische Entwicklungsdefizite abgetötet wird.

Ein anderes Beispiel: Im Ethikunterricht spreche ich mit einer Klasse von Polizeischülern über das Amoktraining, das sie kurz vorher absolviert haben. In diesen Trainings wird geübt, unter weitgehender Hintanstellung sonstiger Einsatzregeln schnell und entschlossen in ein Gebäude einzudringen, in dem sich der Täter aufhält, und ihn handlungsunfähig zu machen, was in der Regel darauf hinauslaufen wird, ihn zu erschießen. Einer der Polizeischüler fragt mich nun, ob dies Vorgehen mit dem christlichen Glauben vereinbar sei, denn es heiße doch „Du sollst nicht töten". Ich antworte, dass zwar die korrekte Übersetzung dieses Gebotes heißen müsse: „Du sollst nicht morden",[54] dass aber dennoch in einem solchen Fall ein echtes Dilemma vorliege, ein unauflösbarer moralischer Konflikt: Wie immer man sich entscheide – es bleibe ein bitterer Rest. Hier gelte es, wie Luther in anderem Zusammenhang gesagt hat, „tapfer zu sündigen".[55]

Die Klasse hört aufmerksam zu, und der Schüler fragt nach: Ob ich denn so etwas auch fertig brächte? Mit einem Mal fühlt sich das Thema für mich anders an. Es fällt mir schwer, das gerade gedanklich Entwickelte nun auch konsequent auf mich anzuwenden und mich „tapfer" in die Rolle hineinzuversetzen, die ich gerade theoretisch beschrieben habe. Ich gebe zu, dass ich die Vorstellung einen Menschen zu töten, noch nie auf mich selbst bezogen habe, denn das sei in meinem Leben eine weitaus unwahrscheinlichere Möglichkeit als in dem eines Polizisten. Der Schüler erwidert, dass es aber doch auch nicht ganz auszuschließen sei, dass ich z.B. in einem Akt der Nothilfe zu so etwas gefordert sein könne – und ich ergänze selbst: Das stimme. Wenn ich mir vorstellte, dass jemand mit einem Messer angegriffen werde und ich nur die Möglichkeit hätte, im letzten Augenblick mit einem schweren Gegenstand den Angreifer niederzuschlagen und womöglich zu töten .... Ich muss mir die

Antwort abringen: „Ja, ich hoffe, ich würde das dann auch fertigbringen."

Eine eigenartige Erfahrung, die ich in diesem Unterrichtsgespräch mit mir selbst gemacht habe. Sicher erhält das beschriebene Szenario und der Satz: „Ich hoffe, dass ich in einem solchen Fall einen Menschen sogar töten könnte" eine zusätzliche Befremdlichkeit durch meinen Beruf, den man mit so etwas nicht verbindet. Aber ich vermute, dass auch für Menschen, die eine andere Rolle einnehmen, selbst für Polizisten, denen diese Möglichkeit viel vertrauter sein müsste, ein derart ungeschminkter, trotz aller Rechtfertigung durch die Umstände irgendwie brutaler Satz, anstößig bleibt. Jedenfalls ist es seltsam, ihn auszusprechen, und das rückt ihn für mich in die Nähe eines Beweises, dass wir im Normalfall einen starken Widerstand gegen die Anwendung von Gewalt, schon gar tödlicher Gewalt, haben.

Es ließen sich weitere Beispiele aus dem polizeilichen Alltag anführen – etwa wenn ein abgelehnter Asylbewerber aus dem Schlaf geholt wird, um ihn der Abschiebung zuzuführen, obwohl den Polizisten die betroffene Familie mit den weinenden Kindern leid tut.

In solchen Situationen spüren viele Polizistinnen und Polizisten einen inneren Widerstand gegen die durchzuführende Maßnahme, weil sie es, wie wir alle, selbst schmerzlich fänden, so behandelt zu werden.

Der Einsatzzweck

In Fällen wie dem letztgenannten kommt womöglich etwas hinzu, das den Vorgang in ethischer wie in psychischer Hinsicht kompliziert: Vielleicht hält die Beamtin – oder der Beamte – die in Deutschland praktizierte Abschieberegelung für zu streng und hat also nicht nur einen Konflikt mit ihrer gefühlsmäßigen Abneigung gegen Zwang und Gewalt, sondern zusätzlich mit dem Einsatzzweck selbst, also auf einer Ebene, auf der auch abstrakt formulierbare Werte und Prinzipien miteinander in Konflikt stehen. Das wären in diesem Fall etwa die Loyalität gegenüber rechtmäßig zustande gekommenen Gesetzen einerseits und andererseits die Überzeugung, reiche Länder wie das unsere müssten mit ihrem Aufenthaltsrecht großzügiger sein.[56]

Nun kann man sich dieses inneren Konfliktes entledigen, indem man sich auf den gesetzlichen Auftrag beruft und alle weiteren Fragen abschneidet. So ganz wird das allerdings nicht funktionieren, denn auch in angeordneten Maßnahmen bleiben wir persönlich Mitwirkende und können uns bei ehrlicher Betrachtung nicht gänzlich von den Folgen unseres Tuns freisprechen.

Wer solche Spannungen nicht verleugnet, kann die Maßnahme, die ihm innere Schwierigkeiten bereitet, zumindest mit der größtmöglichen Feinfühligkeit durchführen. Ich habe da rührende Beispiele erlebt. Auch die Remonstration, die Rückfrage an den Vorgesetzen, ob der Einsatzbefehl wirklich rechtmäßig ist, und in besonderen Fällen die Befehlsverweigerung mit Bezug auf Artikel 1 des Grundgesetzes gehören in diesen Zusammenhang.

Archaische Gewalt

Eine Sonderform von Gewalt stellt für mich die unmittelbare, instinktive Verteidigung des eigenen Lebens dar: Ein Polizeischüler berichtet, wie er im Praktikum von einem Mann angegriffen wird – ohne Waffe, aber mit einer so ungeheuren Aggressivität, dass der angehende Polizist spürt: Hier geht es um Tod und Leben. Zu seiner eigenen Überraschung erlebt er an sich eine Art Verwandlung, in der ihm ungeahnte Kräfte zuwachsen und vor allem eine Art von Entschlossenheit, die er bisher nicht gekannt hat und die ihn auch jetzt noch, beim Wiedererzählen, staunen lässt. Hier hat offenbar auf einer archaischen Ebene ein Kampf ums pure Überleben stattgefunden. Ich möchte diese Gewalt probehalber „vormoralisch" nennen, weil ich niemanden kenne, der den Kampf um das eigene Leben ernsthaft moralisch in Zweifel ziehen würde.

Die Gedankenarbeit nach einem solchen Einsatz wird denn auch weniger von moralischen Fragen bestimmt als von dem Erschrecken oder Erstaunen darüber, dass man in eine Situation gewissermaßen außerhalb der Zivilisation gestoßen worden ist, in der ganz andere Regeln und Kräfte walten als sonst.

Vermischungen

Man kann also nicht von „der Gewalt" sprechen. Es gibt instrumentelle, zweckgerichtete Gewalt, es gibt rauschhafte Gewalt, die vielleicht Ausdruck eines Bedürfnisses ist, sich von den Beschränkungen jeglicher Zivilisation zu befreien, es gibt sadistische Gewalt, die, so jedenfalls Erich Fromm[57], fehlgeleitete, verzerrte und verzweifelte Bemühung um Lebendigkeit darstellt, und es gibt eine archaische Gewalt im Lebenskampf, die wir als denkende Wesen nachträglich einzuordnen versuchen, die aber eigentlich anderen Maßstäben unterliegt.

Kehren wir zurück zur legalen Gewalt: Auch bei ihr kann es, wie gesagt, zwei Gründe für so etwas wie Gewissensnot geben: erstens die unmittelbare Hemmung, einem anderen Menschen Schmerz zuzufügen, zweitens – auf der Ebene der Überzeugungen – einen Wertekonflikt. Es gibt häufig aber noch eine weitere Komplikation: Obwohl wir die legale Gewalt der instrumentellen Gewalt zuordnen und klaren Einsatzkriterien unterwerfen können, wird sie in der Praxis nicht immer in ihrer reinen, quasi nüchternen Form angewendet, sondern oftmals vermischt mit Angst, Aggressionen, Stress, negativen Vorerfahrungen, persönlichen Einstellungen, Fehleinschätzungen usw.

Das gilt für Großeinsätze wie für Einzelmaßnahmen: Wann trägt das Auftauchen eines Wasserwerfers zur Beruhigung bei, weil er die Kräfteverhältnisse klarstellt – und erfolgt auch einzig aus diesem Grunde –, und wann handelt es sich um eine Machtdemonstration, die unnötig Zorn erregt? Wann ist der Einsatz eines Schlagstockes gerechtfertigt, zum Beispiel um sich seiner Haut zu wehren, und wann bricht sich darin vor allem aufgestaute Wut Bahn?

Oder denken wir an den sogenannten *Widerstandsbeamten*, dessen Begegnungen mit dem Bürger auffällig oft so ausgehen, dass ihm scheinbar nichts anderes übrig bleibt, als – rechtlich korrekt – Zwang anzuwenden. Andere Kollegen hätten die gleiche Situation mit Fingerspitzengefühl und Geduld friedlich beigelegt.

Wenn ein Polizist in eine schwierige Begegnung nicht mit der Frage geht: „Wie löse ich das Problem?", sondern mit dem Vorsatz: „Hier kann nur einer als Sieger vom Platz gehen, und das bin ich",[58] verhärtet das den Konflikt von vornherein und setzt den Polizisten unnötig in Handlungszwang. So kann aus einer Ansprache wegen einer Ordnungswidrigkeit ein Konflikt werden, an dessen Ende das Gegenüber in Handschellen zur Wache geschleppt wird.

Angenommen, dieser Polizist suchte nun das Gespräch mit mir, weil es ihm selber ein Rätsel ist, warum Konflikte bei ihm immer wieder so enden, so hätten wir es vermutlich mit einer

Gemengelage aus ganz unterschiedlichen Motiven, Sachverhalten, Werten, Interessen und Empfindungen zu tun, die erst einmal sortiert werden müssen, ehe so etwas wie Schlussfolgerungen gezogen werden können. In diesem Nachdenken wären Ethik und Seelsorge aufs Engste verbunden.

Nachdenklichkeit und Entschlossenheit

Wenn ich Nachdenklichkeit ins Zentrum meiner Überlegungen stelle, könnte jemand einwenden, dass sie entschlossenes Handeln nicht unbedingt leichter mache. Das mag sein. Unmöglich macht sie es aber nicht, wie folgendes Beispiel eines SEK-Beamten beweist: Er schilderte mir (und hat mir erlaubt, das weiterzuerzählen), was in ihm vorging, als er einem Geiselnehmer gegenübersaß. Beide hatten ihre Waffe gezogen, keiner durfte eine unbedachte Bewegung machen. Weil die Lage für die Geisel immer bedrohlicher wurde, beschloss der Polizist, den finalen Rettungsschuss abzugeben, falls sich die Gelegenheit dazu bieten würde. Gleichzeitig führte er einen „ethischen Diskurs" in sich. Er machte sich klar, dass er das – trotz eines vorhergegangenen schrecklichen Verbrechens – ohne Rachegefühle tun würde. Er sagte sich: „Ich tue das nicht aus Hass, ich will nur die Geisel retten. Und: Eigentlich will ich ihn nicht töten." Er hat dann geschossen und das Verblüffende war, dass der andere tatsächlich nicht gestorben ist, obwohl das ganz unwahrscheinlich war. Es hat mich sehr beeindruckt, dass ein Polizeibeamter in dieser höchsten Anspannung noch eine solche moralische Unterscheidung vornehmen konnte.

Trotzdem wird ihn dieses Erlebnis sicherlich sein Leben lang begleiten – nicht nur wegen der Ungeheuerlichkeit, die es für einen friedliebenden Menschen bedeutet, einem anderen in den

Kopf zu schießen, sondern schon wegen des Widerspruches, der darin besteht, mit demselben Menschen bis zu diesem Augenblick noch ein möglichst vertrauensvolles Gespräch zu führen, der wiederum kurz vorher mehrere Menschen brutal getötet hat. Das sind Abgründe, die den Blick aufs Leben verändern.

Übergriffe

Besonders greifbar wird die Beziehung zwischen Ethik und Seelsorge in seelsorglichen Gesprächen, in denen es nicht nur um graduelle Abstufungen in der moralischen Bewertung eines Einsatzes geht, sondern um eindeutige Verstöße, ja Straftaten.

Es waren nicht die Schlechtesten, die mir von solchen Vorfällen erzählt haben – natürlich nicht – sondern eher die Nachdenklichen und Aufrichtigen.

Ein Polizist schildert mir, dass er einem Gefangenen, nachdem ihn dieser während der Festnahme aufs Gröbste beleidigt und provoziert hatte, anschließend in der Zelle gezeigt hat, dass er auch noch „ganz anders kann". Ein anderer berichtet, dass er als junger Schutzmann mitgemacht habe, wie ein Festgenommener geängstigt und erniedrigt wurde. Er schämt sich dafür fürchterlich und hat große Mühe, zu Ende zu erzählen.

Seelsorge und Beichte

Was geschieht, wenn ein Polizist so etwas beichtet? Es handelt sich ja um eine Art Beichte, auch wenn sie nicht in der rituellen Form stattfindet, wie sie besonders in der katholischen Kirche üblich, aber, was nicht viele wissen, in anderer Form auch in der evangelischen Kirche möglich ist. Die Beichte stellt ja vielleicht die Urform der Seelsorge dar, und aus ihr leitet sich das Beicht- und Seelsorgegeheimnis ursprünglich ab.

Zugleich ist sie der Ort, an dem das Miteinander von Ethik und Seelsorge besonders evident ist. Diese Zusammengehörigkeit konnte aus dem Blick geraten, weil in der modernen Psychologie und dann auch in der Seelsorge ein Ansatz prägend geworden ist, nach dem der Seelsorger oder Therapeut das Gespräch nicht mit moralischen Wertungen belastet, sondern möglichst zurückhaltend bleibt, damit sich der Klient ohne Angst vor Verurteilung öffnen und das für ihn Richtige im Gespräch herausfinden kann.

Ich halte diesen Ansatz für richtig, aber er darf nicht verabsolutiert werden. Zum einen wird mein Gesprächspartner in bestimmten heiklen Fragen spüren, dass meine moralische Haltung eine andere ist als die seine, obwohl ich versuche, mich auf ihn einzustellen. In diesem Fall dient es dem Gespräch mehr, wenn ich diese Differenz anspreche und transparent mache, statt sie als bloßes Unbehagen im Untergrund wirken zu lassen. Zum anderen kommen manche Gespräche ja gerade wegen eines moralischen Konfliktes zustande. Moral ist von vornherein das Thema. Allerdings bemühe ich mich auch dann, nicht im schlechten Sinne moralisierend zu sein, sondern zunächst einmal ganz einfach mitzudenken.

Wenn jemand mit einem moralischen Problem das Gespräch sucht, ringt er entweder um eine noch bevorstehende Entscheidung, oder er will nachträglich mit sich wieder ins Reine kommen, weil er durch sein Handeln mit sich selbst in einen Widerspruch geraten ist. Oft überkreuzen sich dabei verschiedene Konfliktlinien, der Entscheidungsbaum ist weit verzweigt, weshalb es eine Menge Arbeit bedeuten kann, das Terrain erst einmal sorgfältig zu sondieren.

Wenn ich zum Beispiel mit Polizisten gesprochen habe, die auf einen Menschen geschossen und ihn verletzt oder sogar getötet hatten, habe ich festgestellt, dass die entscheidende Situation wieder und wieder – für nahe Angehörige kann das strapaziös werden – in allen Details durchgegangen und analysiert wird. Dies dient zum einen dazu, das dramatische Geschehen zu rekonstruieren, den eigenen Platz darin genauer zu erkennen und Lehren für die Zukunft zu ziehen. Und natürlich wird das Geschehen auf seine rechtlichen Konsequenzen hin abgeklopft. Zu all dem würden kognitive Psychologen sagen: Es geht darum, nachträglich die Kontrolle über das Geschehene wieder zu erlangen. Aber darüber hinaus gibt es auch ein Bedürfnis, die moralische Seite des Vorganges zu erfassen: Bestand wirklich keine andere Möglichkeit als die, zu schießen? Was wäre geschehen, wenn ich zwei Sekunden früher am Einsatzort gewesen wäre? Habe ich genügend auf die Kollegen geachtet? Und so weiter.

Schuld und Vergebung

Im Hintergrund steht natürlich die Frage, ob ich schuldig geworden bin. Das ist zwar ein heute oft vermiedener Ausdruck, und daran ist nicht zuletzt die Kirche – nun ja: – schuld, weil sie diesen Begriff jahrhundertelang überstrapaziert hat. Außerdem stellt sich im Zusammenhang mit der Diskussion über die menschliche Freiheit, wie sie etwa in der Hirnforschung geführt wird, die Frage, inwieweit man Menschen für ihr Tun überhaupt verantwortlich machen kann. Aber wie immer man darüber denken mag: Wenn wir uns als Personen betrachten, müssen wir uns auch als Subjekte unseres Handelns verstehen, mithin als Wesen, die für ihr Tun rechenschaftsfähig sind. Daher erleben wir, wo unser Handeln in Widerspruch zu unseren zentralen Überzeugungen und zum Schaden anderer gerät, dies als Schuld und als einen Schaden auch für unsere eigene Seele.

Die seelsorgliche Reaktion darf hier weder voreilig abschwächen noch verstärken. Es gilt, wie so oft in der Seelsorge, die Frage zunächst einmal auszuhalten und einer ruhigen Betrachtung zugänglich zu machen. Ein schnelles Bestreiten von Schuld, das vordergründig der Entlastung dient, transportiert unterschwellig die Botschaft: Schuld ist etwas so Schlimmes, dass man darüber nicht reden kann.

Schuld und Vergebung gehören jedoch konstitutiv zum menschlichen Leben. Unter dieser Voraussetzung kann gemeinsam überlegt werden, ob auch im jeweils konkreten Fall – und wenn ja: in welchem Umfang – Schuld vorliegt und wie mit ihr gelebt werden kann.

Mit sich ins Reine kommen

Nun entsprechen wir *alle* nicht den Erwartungen, die wir an uns selber stellen. Es gibt eine Differenz zwischen dem, wie wir uns gerne sähen und dem, wie wir wirklich sind. Häufig lösen wir solche „kognitive Dissonanz" auf, indem wir die weniger geliebte Seite ausblenden. (Der Tiefenpsychologe C.G. Jung würde vom „Schatten" sprechen.) Das macht das Leben zunächst einfacher, aber wenn es um schwerwiegende Tatsachen geht, zahlen wir für dieses Vorgehen einen hohen Preis, unter anderem den, dass wir uns an dieser Stelle nicht weiterentwickeln. Daher haben wir auch ein entgegengesetztes, ebenfalls starkes Bedürfnis nach Klarheit und Wahrheit. Das schamhaft Verborgene soll nicht weiter unsere Energien binden. Wir wollen einen wichtigen Teil unserer Person nicht immer verstecken müssen, sondern uns mit uns selbst und – so sagen gläubige

Menschen – mit Gott, dem Grund unseres Lebens, versöhnen. „Die Wahrheit wird euch frei machen"[59], heißt es im Johannes-Evangelium. Mit sich ins Reine zu kommen bedeutet nicht, dass alles gut war oder ist, was wir tun oder getan haben, sondern dass wir uns damit versöhnen oder dafür Vergebung erlangen und damit leben können. Das ist das zentrale Geschehen in der klassischen, selten gewordenen Beichte, aber auch in der rituell weniger ausgestalteten Seelsorge. Es ereignet sich bereits, wenn ein Mensch sich einem anderen anvertraut und seine Schuld, sein Versagen, seinen Übergriff eingesteht. Selbst wenn dies nicht als förmliches Sündenbekenntnis mit anschließender Lossprechung erfolgt, ist doch beides im ehrlichen Erzählen und wertschätzenden Zuhören keimhaft enthalten.

Mein Eindruck ist, dass Polizistinnen und Polizisten, die auf diesem Wege mit sich selbst vertrauter geworden sind, auch ihrem Gegenüber klarer und zugleich verständnisvoller begegnen können.

Die Würde des Menschen

Welcher Gesetzestext könnte schöner klingen, als die ersten beiden Sätze unserer Verfassung:

(1) Die Würde des Menschen ist unantastbar. Sie zu achten und zu schützen ist Verpflichtung aller staatlichen Gewalt.

Das Grundgesetz wurde 1949, vier Jahre nach dem Zweiten Weltkrieg, verabschiedet. Artikel 1 reagiert unmittelbar auf die Schrecknisse der Nazi-Herrschaft, welche erst die Würde und dann das Leben von Millionen Menschen mit Füßen getreten hatte. Die neu gegründete Bundesrepublik sollte sich stets daran erinnern, worin die vornehmste Aufgabe des Staates bestand: nicht in zügelloser Herrschaft, nicht in der Verwirklichung von nationalen Größenphantasien und nicht darin, seine Bürger in wertvolle und wertlose einzuteilen, sondern im Schutz seiner Bürgerinnen und Bürger. Hierzu, so meinten die Väter und Mütter des Grundgesetzes[60], bedürfe es einer moralischen Grundlage, wie sie auch die Vereinten Nationen wenige Monate vorher in der *allgemeinen Erklärung der Menschenrechte* beschworen hatten: Ausgangspunkt allen staatlichen Handelns sollte die menschliche Würde sein.

Aus ihr leiten sich die Menschenrechte ab („Das Deutsche Volk bekennt sich *darum* zu unverletzlichen und unveräußerlichen Menschenrechten") und daraus wieder die Grundrechte. Hierzu gehören unter anderem die freie Entfaltung der Persönlichkeit, das Recht auf Leben und körperliche Unversehrtheit (Art. 2), die Gleichberechtigung (Art. 3), die Glaubens- und Gewissensfreiheit (Art. 4), die Meinungsfreiheit (Art. 5), die Versammlungsfreiheit (Art. 8), das Brief-, Post- und Fernmeldegeheimnis (Art. 10), die Unverletzlichkeit der Wohnung (Art. 13).

Diese Rechte sichern vor allem die Freiheit des Einzelnen gegenüber dem Staat.

Daneben gibt es Paragraphen, die dem Staat eine besondere Fürsorgepflicht auferlegen, zum Beispiel den Schutz von Ehe und Familie (Art. 6) und das Recht auf Asyl für politisch Verfolgte (Art. 16 a).

Knapper, treffender, gehaltvoller als in Artikel 1 hätte man die doppelte Aufgabe, die sich der Staat stellt, nicht formulieren können: *Sie [die Würde] zu achten und zu schützen ist Verpflichtung aller staatlichen Gewalt.* Das heißt: Der Staat beschränkt seinen Machtanspruch, indem er die Grundrechte der Bürgerinnen und Bürger *achtet* – und er *schützt* die Menschen davor, dass sie von anderen Menschen verletzt, beraubt, unterdrückt oder misshandelt werden.

Das ist gerade für die Polizei von Bedeutung, denn sie hat besondere Befugnisse. Sie darf sogar in Grundrechte eingreifen (wir erinnern uns: um eines höheren Zieles willen) – aber nur so, dass der gewissermaßen dienende Charakter dieses Eingriffes und die Würde der Betroffenen – auch der schlimmsten Verbrecher! – gewahrt werden.

Anfechtungen

Das hört sich schön an, stellt in der Praxis aber keine geringe Herausforderung dar: Solange es darum geht, einer verwirrten Dame über die Straße zu helfen, Erstklässlern die Verkehrsregeln zu erklären oder die Spuren eines Wohnungseinbruches zu sichern, ist alles einfach.

Aber wie achte ich die Würde eines schwerst alkoholisierten, schmutzigen Obdachlosen, der im eigenen Urin sitzt und fünf Meter gegen den Wind – nun ja: – stinkt? Wie spreche ich den an? Wie *fasse* ich ihn an, wenn ich ihn zum Streifen- oder Krankenwagen bringen muss? Wie kann ich die Würde dieses Menschen noch erkennen, wenn er selbst sie so missachtet? Wie kann ich trotz meines Ekels behutsam bleiben?

Wie achte ich die Würde eines frechen jugendlichen Mehrfachtäters, der mich im Schutze des Jugendrechtes spüren lässt, dass die Bullen ihn sowieso wieder laufen lassen müssen? Wo lasse ich den Zorn, der ihn am liebsten *spüren* lassen würde, wer hier das Sagen hat?

Wie kann ich einem Mann Würde zusprechen, der die Kinder seiner Frau missbraucht hat? Ist der nicht Abschaum?

Warum soll ich hasserfüllten Demonstranten eine Menschenwürde zusprechen, wenn die mich umgekehrt als *Bullenschwein* titulieren?

Wie kann ich die Würde eines Festgenommenen wahren, wenn er sich ausziehen und ich in seinem After nach verborgenen Gegenständen suchen muss, ehe er in die Zelle gesperrt wird? Und nebenbei: Was macht das mit meiner eigenen Würde?

Manche dieser Fragen lassen sich praktisch beantworten. So kann ich dem Festgenommen erklären: „Ich muss Sie nach verborgenen Gegenständen untersuchen, auch im After. Das muss leider sein. Bitte bücken Sie sich!" Diese drei Sätze kosten mich nichts, aber der Angesprochene merkt, dass ich ihn nicht demütigen, sondern nur einer unangenehmen Pflicht nachkommen will. Dies hilft uns beiden, unsere Würde zu wahren.

Es ist jedoch nicht immer möglich, Verständnis oder gar Empathie zu zeigen. Dann ist schon viel gewonnen, wenn der Polizist und die Polizistin schlicht und einfach nach Recht und Gesetz handeln. Indem sie die Grundrechte eines Festgenommen achten, egal wie sie innerlich über diesen denken, achten sie in einem hohen Grad auch dessen Würde (sofern sie ihr korrektes Handeln nicht durch abfällige Kommentare unterlaufen), denn diese ist in den Gesetzen gewissermaßen aufgehoben. Mehr kann man als Bürger von seiner Polizei nicht erwarten, jedenfalls nicht immer, denn das wäre bei der Menge unangenehmer Situationen im Laufe eines Polizistenlebens und bei der Scheußlichkeit mancher Vorkommnisse eine Überforderung.

Schon die sachliche und besonnene Abarbeitung solcher Vorfälle kann eine moralische Anstrengung bedeuten. Sie besteht darin, Impulse wie Wut oder Verachtung zu beherrschen, sie zur Prüfung durch den praefontalen Cortex[61] laufen zu lassen, und dann nach Standards zu arbeiten, die *über* denen des problematischen Gegenübers liegen.

Wie darf man reden?

Untereinander sollte es allerdings erlaubt sein, über solche Begebenheiten auch einmal in deftigen Worten zu sprechen. Ich weiß, dass ich mit dieser Empfehlung ein wenig quer zum offiziellen Polizeiethos stehe. Die Sprache wird nicht ohne Grund als Gradmesser für eine eventuell beginnende Verrohung gesehen und von Führungskräften dementsprechend aufmerksam beobachtet. Auch mir gegenüber suchten Polizisten gelegentlich nach gepflegten, politisch korrekten Wörtern, weil sie offenbar fürchteten, sonst bei mir einen ungünstigen Eindruck zu hinterlassen. Ich meine jedoch, dass man die Zähmung der eigenen Sprache nicht übertreiben muss. Es tut jedem Menschen gut, wenn er ab und zu so reden kann, wie ihm zumute ist.

Aus deftigen Worten müssen nicht zwangsläufig unangemessene Taten folgen. Wir brauchen Raum, unseren Ekel, Widerwillen oder Zorn in einer Weise auszudrücken, die der Heftigkeit unserer Empfindungen halbwegs entspricht – solange sich daraus nicht eine Kultur der Verächtlichmachung entwickelt. Als Lutheraner bin ich bei diesem Thema vielleicht auch deshalb toleranter, weil Luther, wie man weiß, den kräftigen Ausdruck liebte.

Damit will ich keiner zynischen und feindseligen Sprache das Wort reden. Wo sie sich einschleicht, ist auch im Grunde nicht die Sprache das Problem, sondern die Tatsache, dass sich in der ständigen Konfrontation ein unüberbrückbarer Graben zwischen „denen" und „uns" geöffnet hat. Die abwertende Titulierung des Gegenübers bietet einen gewissen Ausgleich zum täglichen Frust. Paradoxerweise nähert sich dadurch jedoch das eigene moralische Niveau dem des verachteten Gegenübers. Gelegentlich bemerken Ehefrauen daran, wie ihr Mann über seine Klientel spricht, dass er sich auf einer abschüssigen Bahn befindet und geben rechtzeitig einen warnenden Hinweis.

Ich plädiere weder für eine überkorrekte, blutleere oder schönrednerische Sprache noch für einen zynischen, verächtlichen Dauerton, sondern – ich möchte auch hier sagen: im Sinne des Aristoteles – für eine gesunde Balance, für eine reflektierte, gezügelte Direktheit. Wenn man sich zum x-ten Male mit einem Haufen Hooligans herumschlagen musste, darf man sich über „diese hirnlosen Idioten" auch aufregen – sofern man eben diesen Idioten gleichwohl ein rechtsstaatlich einwandfreies Verfahren gewährt.

Was heißt „Würde"?

Obwohl bisher viel von der Würde des Menschen die Rede war, und obwohl sie einen so zentralen Platz in unserem Staatswesen und der Polizeiarbeit einnimmt, ist selbst für Juristen nicht leicht zu bestimmen, worin sie eigentlich genau besteht. Ich will im Folgenden einige geistesgeschichtliche, psychologische und religiöse Aspekte beleuchten.

Die meisten Menschen haben ein *Gefühl* dafür, was unter Würde zu verstehen ist, wenn sie diese *verletzt* sehen. Betrachten wir zum Beispiel dieses Bild aus der Zeit des Nationalsozialismus, wissen wir sofort: Hier werden zwei Menschen entwürdigt. Sie sind öffentlich bloßgestellt und der Verachtung anderer Menschen preisgegeben. Die Schmähung, der man sie aussetzt, wird ihnen sogar als Selbstbezichtigung in den Mund gelegt: „Ich bin am Ort das größte Schwein ..." So ein Bild empört uns.

Wie aber können wir Würde *positiv* beschreiben?

Quelle unbekannt.
Für Hinweise bin ich dankbar.

104

Würde, Ehre und Anerkennung

Es gibt zwischen dem Grundgesetz und der Entwicklungspsychologie eine verblüffende Analogie, die den Vätern unserer Verfassung vermutlich nicht bewusst war, aber vielleicht einer Sachlogik folgt:[62]

Das Grundgesetz stellt in seiner Sphäre, der des Rechts, mit dem Begriff der Würde etwas an den Anfang und entwickelt von ihm aus alles Weitere, das im Seelenleben eine analoge, zentrale und ursprüngliche Bedeutung hat. Der Brockhaus definiert Würde so: „Die einem Menschen kraft seines inneren Wertes zukommende Bedeutung; achtungfordernde Haltung".

Wir haben es also hier mit Fragen der Achtung und Selbstachtung bzw. des Selbstwertgefühls zu tun, und diese spielen in unserem Leben von frühester Kindheit an eine besondere Rolle.

Lebensnotwendige Achtung

Geachtet zu werden ist für die Seele so lebensnotwendig wie das tägliche Brot für den Körper, ja: es scheint mir dessen Äquivalent zu sein, denn ebenso, wie jemand, der mir Nahrung vorenthält, damit einen Anschlag auf meine physische Existenz begeht, geht mir jemand tendenziell ans Leben, der mir die Achtung verweigert. Er drückt damit nämlich aus, dass ich für ihn keinen Wert habe außer vielleicht den eines Werkzeuges oder Gegenstandes seiner Absichten, eines Mittels zu seinem Zweck. Damit ist mein Subjekt-Sein negiert. Darauf reagieren wir depressiv oder aggressiv, als ob es hier ums Ganze ginge – und das tut es eben auch.

Ich vermute, dass in den meisten, vielleicht sogar allen persönlichen Konflikten, die mit hoher Aggressivität geführt werden, nicht zuletzt ein Kampf um Achtung ausgefochten wird.

So habe ich einmal eine Lehrgruppe der Landespolizeischule gebeten, in Rollenspielen Situationen aus dem Praktikum nachzustellen, in denen Aggression entstanden war. Eine Gruppe zeigte Folgendes: Bei einer Verkehrskontrolle tritt der Polizist grußlos ans Fenster des angehaltenen Wagens und verlangt ohne weitere Erklärung die Papiere. Auf die ärgerliche Rückfrage, was das solle, wiederholt der Polizist seine Aufforderung, nun schon schärfer, und innerhalb weniger Sekunden entsteht ein heftiger Streit.

Als ich den Polizeischüler frage, warum er weder einen guten Abend gewünscht, noch den Zweck der Kontrolle erklärt habe, stellt sich heraus, dass er eine Lektion über Eigensicherung offenbar völlig falsch verstanden und sich für solche Situationen vorgenommen hat: „Der muss gleich wissen, wer das Sagen hat. Nachlassen kann ich immer noch." Dass er damit auf dem besten Wege war, ein „Widerstandsbeamter" zu werden, überraschte ihn zunächst. Aber wer sein Gegenüber zum Befehlsempfänger degradiert, verletzt dessen elementares Bedürfnis nach Achtung und provoziert ebenso elementare Verteidigungsreaktionen.

Eigentlich ging es aber dem Polizisten nicht darum, den anderen herabzusetzen, sondern nur, sich selbst einen sicheren Stand zu verschaffen, wozu ihm nur nichts Besseres einfiel, als seinen Gesprächspartner in eine unterlegene Position zu bringen.

Spirale gegenseitiger Abwertung

Wir können diesen Mechanismus in fast jedem Streit beobachten, in dem die Parteien einander Verletzungen zufügen. Wenn es später doch noch zu einem guten Gespräch kommt, stellt sich oft heraus: Beide wollten den anderen ursprünglich nicht verletzen, sondern fühlten sich nur jeweils selbst missachtet. Das wird übersetzt in ein „Mit mir kann man offenbar so umspringen." Um eine solche Zuschreibung abzuweisen und mein Gegenüber auf den Anspruch aufmerksam zu machen, dass ich als ebenbürtig behandelt und in meinen vitalen seelischen Bedürfnissen anerkannt werden möchte, stelle ich die Gleichrangigkeit wieder her, indem ich den anderen heruntermache. Der empfindet das wiederum genauso, und schon sind wir in der schönsten Abwärtsspirale.

Ursprünglich jedoch geht es in diesem Schlagabtausch um das Bedürfnis nach Achtung. Durch die Verletzung soll eigentlich etwas geheilt werden.

Diesen Zusammenhang hat wohl auch Jesus im Blick, wenn er fordert: „Wenn dir jemand auf die rechte Backe schlägt, halte ihm auch die linke hin".[63] Der Schlag auf meine rechte Backe muss – von einem Rechtshänder – mit dem Handrücken ausgeführt werden und stellt damit nicht nur eine Gewalttat, sondern auch eine Geste der Verachtung dar. Wenn Jesus nun empfiehlt, auch noch die andere Wange hinzuhalten, verstehe ich das nicht als wörtliche Anweisung zu prinzipieller Wehrlosigkeit und schon gar nicht als Ausdruck von Schwächlichkeit oder gar Masochismus, sondern als Anregung: „Steige nicht in den Teufelskreis gegenseitiger Abwertung ein, sondern versuche, die Auseinandersetzung durch eine verblüffende Reaktion auf eine andere Ebene zu heben. Mache dein Selbstwertgefühl nicht von einer ‚gleichwertigen' Reaktion abhängig, sondern versuche, im Konflikt kreativ zu sein." Es ist klar, dass man, um dies zu können, eine gehörige Portion Selbstachtung mitbringen muss, die durch das gerade Zugefügte nicht stranguliert wird, sondern sich aus weitersprudelnden, tieferen Quellen speist – vielleicht der, sich von einem „himmlischen Vater" geliebt zu wissen.

Damit sind wir bei der Beobachtung, dass Menschen unterschiedlich empfindlich sind, und zwar umgekehrt proportional zum Grad ihres Selbstbewusstseins: Je mehr Selbstachtung ich in mir trage, desto gelassener kann ich gelegentliche Kränkungen hinnehmen, die das Leben unvermeidlich mit sich bringt.

Besonders empfindlich scheinen viele Menschen zu sein, die – z.B. in Führungspositionen, öffentlichen Ämtern, der Schauspielerei usf. – große Aufmerksamkeit genießen und dort den Eindruck erwecken, sie seien besonders selbstbewusst. Oft kann sie das schwächste Lüftlein, ein einziges kritisches Wort, völlig aus der Bahn werfen, denn es bestätigt ihnen ein Gefühl, das sie hinter ihrer eindrucksvollen Fassade vielleicht sogar vor sich selbst verbergen: letztlich als nichtswürdig angesehen zu werden.

In minderschweren Fällen folgt daraus vielleicht „nur", dass der Kritiker, Abweichler, Unbotmäßige angebrüllt oder nach einigen Wochen, in denen die Wut des Gekränkten weitergeglüht hat, durch eine Strafversetzung gedemütigt oder ausgestoßen wird. Manchmal wird die Infragestellung jedoch als existentiell so bedrohlich empfunden, dass die Kritik mit Stumpf und Stiel, also mitsamt dem Kritiker selbst, aus der Welt geschafft werden soll.

Falls diese Wut nicht einen Normalbürger ergreift, sondern z.B. einen Diktator wie Hitler, Stalin oder Saddam Hussein – alle in ihrem Selbstwertgefühl sicher schwer beschädigte Menschen –, wird er kaum zögern, den Vernichtungsimpuls auch in die Tat umzusetzen.

Dies sind Extremfälle, aber sie zeigen, wie bedeutsam die Frage ist, ob jemand ein intaktes Selbstwertgefühl hat oder nicht.

Die Sucht nach Aufmerksamkeit

Kehren wir zu den Menschen zurück, die ihr labiles Selbstwertgefühl durch permanentes Ringen um Aufmerksamkeit stabilisieren. Wir haben für sie den Begriff „narzisstisch" parat – mit der vorwiegend kritischen Konnotation „selbstverliebt". (Narzissus verliebte sich in sein eigenes Spiegelbild und starb aus Sehnsucht nach sich selbst – indem er nämlich in den Teich fiel, der sein Antlitz spiegelte.) Ein lediglich kritisches Verständnis übersieht allerdings, dass im Narzissmus etwas Positives steckt, das in einer frühen Lebensphase so schwer beschädigt worden ist, dass der Mensch nun sein Leben lang versucht, diesen Mangel auszugleichen.

Er wählt vielleicht einen Beruf, der Macht und Prestige verspricht oder auf andere Weise hohe Aufmerksamkeit mit sich bringt wie z.B. die Schauspielerei, die Politik oder auch der Pfarrberuf. Oder er versucht in einem anderen Beruf, das kann auch die Polizei sein, auf der Karriereleiter hoch hinauf zu steigen. Dort bieten sich Möglichkeiten, gesehen zu werden und Anerkennung zu erfahren.

Unter günstigen Umständen kann dabei eine gewisse Nachreifung des Selbstwertgefühls geschehen. Wir zehren ja nicht einfach nur von einem einmal erworbenen und dann hermetisch abgeschlossenen Selbstwertgefühl, sondern dieses wird moduliert, gekräftigt oder geschwächt durch Erfahrungen, die wir machen, Fertigkeiten, die wir erwerben, Erfolge, die wir erzielen usw. Aber wir wissen auch, dass bei manchen Menschen solche Nachreifung nicht gelingt: Trotz größter Erfolge gieren sie immer weiter nach Aufmerksamkeit und bleiben in kleinlicher Weise verletzbar. Wie kommt das?

Zum einen gibt es ein seelisches Mangelgefühl, das so tief sitzt und so groß ist, dass es nicht behoben, sondern allenfalls besänftigt und vielleicht mit Humor getragen werden kann. Zum anderen werden derart narzisstisch Bedürftige deshalb nicht satt, weil sie all den Aufwand, den sie treiben, nicht auf das richten, was sie eigentlich brauchen, sondern auf einen vergleichsweise schalen Ersatz, der den Hunger nicht wirklich stillt.

Wenn es diesen kleinen oder großen Fürsten dann auch noch gelingt, ihr Umfeld derart zu dressieren, dass keinerlei Infragestellung mehr passiert, sind sie zwar vor jeder Gefährdung ihres schwachen Selbstwertgefühls geschützt – aber auch von jeder Entwicklungsmöglichkeit abgeschnitten. Was aber macht uns satt, was brauchen wir wirklich?

Sich geliebt wissen

Um Freude am Leben empfinden zu können, müssen wir uns als in dieser Welt gewollte Wesen empfinden, müssen uns an uns selbst freuen können und spüren, dass auch andere sich an uns freuen.

Dieses Geliebt-Werden – oder der Zweifel daran – liegen gewissermaßen auf dem Grund unserer Erfahrungen und begleiten uns jeden Tag, so unmerklich und gegenwärtig wie das Atmen. Sie färben unsere Handlungen und bestimmen unseren Geschmack am Leben.

Von dem Psychoanalytiker E. Erikson gibt es ein Stufenmodell der seelischen Entwicklung vom Säuglings- zum Greisenalter.[64] Auf der ersten Stufe, so Erikson, entsteht das Grundgefühl, dass die Welt, in die wir hineingeboren werden, es gut mit uns meint – das sog. „Urvertrauen" – und damit auch, so denke ich, das Selbstvertrauen im Sinne der als voraussetzungslos erlebten Botschaft: „Wie schön, dass es dich gibt!"

Wir können uns als Erwachsene an diese Botschaft (oder deren Störungen) nicht erinnern, weil wir sie empfangen haben, als wir weder sprechen noch denken konnten. Aber wir haben uns hoffentlich auch in den späteren Jahren freundlich begleitet gefühlt und darin die Fortsetzung dieses ersten Erlebens erfahren.

Und wir erleben Ähnliches in glücklichen Augenblicken der Liebe, in denen wir nichts können/leisten/vorspiegeln müssen, sondern uns als Quelle der Freude des anderen erkennen – einfach dadurch, dass wir da sind.

Wir können sie auch beobachten, wenn wir eine Mutter freudig auf ihr Kind blicken sehen. Heinz Kohut hat dafür den schönen Ausdruck vom „Glanz im Auge der Mutter" geprägt.[65] Ich habe solche Freude manchmal im Blick meiner Tochter gesehen, wenn sie ihren Kindern bei irgendeiner Aktivität zuschaute. Das war etwas ganz Stilles und Unauffälliges, vermutlich weder ihr noch den Kindern bewusst – aber so etwas trägt als ein stiller Kommentar durchs Leben – und das ist es, wonach die Aufmerksamkeitssüchtigen in Wirklichkeit hungern.

Es gibt wunderschöne Zeugnisse von „gelingender Kommunikation" insbesondere zwischen Mutter und Säugling, wie sie in glücklichem Wechselspiel einander nachahmen, gewissermaßen tanzen, und darin einander Vergnügen bereiten.[66] Hier ist die Freude am Leben mit der Freude am anderen und an sich selbst eins, keines kann ohne das andere sein.

Leider ist dieser fundamentale Zusammenhang vom Christentum mit seiner Leib- und Selbstfeindlichkeit viele Jahrhunderte lang verleugnet worden. Dabei hat schon Jesus – und vor ihm das Alte Testament – diese wechselseitige Bedingung im Blick, wenn er als höchste Forderung zitiert: „Liebe deinen Nächsten wie dich selbst." Nur wer zu sich selbst Ja sagt, kann auch andere lieben.

111

Leistung

Wenn Kinder größer, aktiver und beweglicher werden, müssen sie sich zunehmend mit Einschränkung und Förderung, Gelingen und Versagen auseinandersetzen, und die Frage „Bin ich gemocht, wie ich bin?" wächst allmählich hinüber in ein „Bin ich gemocht mit dem, was ich tue?" So kommt der Leistungsaspekt in die Anerkennung, von dem manche später völlig beherrscht werden – gerade, wenn sie auf der „Seinsebene" keine Sicherheit erworben haben.[67]

Gnade vor Leistung

Erikson schreibt in seiner Lutherbiographie,[68] dass der aaronitische Segen, den wir zum Ausgang jedes Gottesdienstes hören – „Der Herr segne dich und behüte dich; der Herr lasse leuchten sein Angesicht über dir und sei dir gnädig; der Herr erhebe sein Angesicht auf dich und gebe dir Frieden" – die Erfahrung von Grundakzeptanz wachruft, die sich dem Säugling im freundlichen Gesicht der Mutter über der Wiege gezeigt hat. Der Trost, den wir bei diesem Segenswort empfinden, speist sich aus dieser allerersten mütterlichen Zuwendung, von der ein undeutliches aber kräftiges Bild auf dem Grund unserer Seele liegt. Im Segen wird es auf Gott übertragen als demjenigen, dem wir Erwachsene unser Leben anvertrauen.

Luther fühlte sich als junger Mann von einem strengen, fordernden und auf Leistung bedachten Vatergott geradezu verfolgt. Ihn rettete die Erkenntnis, dass Gott eine ganz andere – wir könnten sagen: mütterliche – Seite habe. Seither betonen wir Protestanten, dass „Gnade", „Güte", „Vertrauen" allem anderen vorhergehen müssen, und dass „gute Werke" von allein kommen, wenn vorher die Gewissheit da ist, dass man geliebt wird. Das ist ebenso eine theologische wie eine entwicklungs-psychologische Wahrheit.

Würde als Beziehungstatsache

Was hat das alles mit „Würde" zu tun? Maunz und Dürig nennen in ihrem Kommentar zum Grundgesetz die menschliche Würde eine „Seinsgegebenheit",[69] die aus Folgendem bestehe: „Jeder Mensch ist Mensch kraft seines Geistes, der ihn abhebt von der unpersönlichen Natur und ihn aus eigener Entscheidung dazu befähigt, seiner selbst bewusst zu werden, sich selbst zu bestimmen und sich und die Umwelt zu gestalten."

Mir scheint jedoch, dass Würde weniger eine Eigenschaft darstellt als eine Zuschreibung, wie das etwa auch bei den moralischen Begriffen „gut" und böse" der Fall ist, die scheinbar einen Zustand des Benannten beschreiben, in Wirklichkeit jedoch eine Stellungnahme darstellen, ein Urteil darüber, was sein soll und was nicht. So auch die Würde. Der andere „hat" sie nicht, sondern ich billige sie ihm zu. Sie ist ein Beziehungsbegriff. Daher ist sie auch durchaus „antastbar": Sie kann durch Missachtung beschädigt werden.[70]

Dass ich nun meinem Mitmenschen Respekt entgegenbringe, fußt darauf, dass ich in ihm etwas von mir selbst erkenne und weiß, was er, wie ich, als Basis für sein Leben braucht: Achtung. So betrachtet scheint mir der Satz, dass die Würde des Menschen unantastbar sei, eine säkulare Übersetzung der alten Forderung zu sein, wonach wir unseren Nächsten lieben sollen wie uns selbst.

Ich stimme also der Auffassung von Paul Tiedemann in seinem höchst lesenswerten Buch „Menschenwürde" zu, dass Würde durch Kommunikation konstituiert wird und einen Vorgang der Anerkennung darstellt.[71] Im Unterschied zu ihm meine ich jedoch, dass diese Anerkennung nicht allein die Willensautonomie meines Gegenübers betrifft, sondern auch sein Bedürfnis, geachtet, ja geliebt zu werden.

Ehre

Die Ehre ist ein der Würde verwandter Begriff und hat in den letzten Jahren eine – allerdings unerfreuliche – Renaissance erfahren.

Sie war bereits in früheren Jahrhunderten eine wichtige Sache, und schon damals ging es oft um Leben und Tod. Für sie zog man in den Krieg, und wegen Ehrverletzung konnte man zum Duell gefordert werden. Heute kommt uns daran vieles lächerlich vor, aber es fragt sich natürlich, wie die hier sichtbar werdende Verletzlichkeit zu verstehen ist.

Leicht erkennbar ist: Es geht um Gesichtsverlust, das heißt um den Verlust von Ansehen, und der kommt in gewissen Gesellschaften fast einem Todesurteil gleich. Ich vermute jedoch, dass Ehre, wo ihre Verletzung zu so tödlichen Konsequenzen führt, mit Energie aufgeladen ist, die aus einer tieferen seelischen Schicht stammt.

Ich will das an den „Ehrenmorden" verdeutlichen, die in den letzten Jahren im Migrantenmilieu begangen worden sind. Junge Frauen, die nach Meinung ihrer Familie unschicklich lebten und daher Schande über die Familie brachten, also deren Ehre verletzten, wurden von einem ihrer Brüder, oft dem jüngsten, im Auftrag der Familie umgebracht. Damit galt deren Ehre als wiederhergestellt.

Hier zeigt sich zunächst eine ungeheuer rigide, patriarchale Moral, die keine Abweichung duldet. Indem die Familie ihr schwarzes Schaf ausmerzt, beweist sie Konformität mit den herrschenden Sitten und die Entschlossenheit, diese auch durchzusetzen. Insofern erklärt sich die mörderische Energie, mit der hier „Ehre" wiederhergestellt wird, aus der Angst vor Ächtung durch die Gesellschaft.

Aber mir ist noch etwas anderes aufgefallen: Gerade in Familien, in denen diese patriarchale Ehre betont wird, wird die Selbstachtung auch der männlichen Familienmitglieder oft mit Füßen getreten. Davon merkt man nicht viel, wenn man bei irgendeiner Gelegenheit sieht, wie ein kleiner Macho seine Schwester oder sogar Mutter herumkommandiert. Das erkennt man aber, wenn man erfährt, dass diese Jungen von ihrem Vater häufig aufs Gröbste beschimpft und verprügelt werden.

Schlussfolgerung eines Heranwachsenden: „Wenn du keine Schläge bekommst, dann bist du kein richtiger Mann ... Mit Schlägen wirst du hart, wenn du noch mehr bekommst, wirst du noch härter und so weiter ... Als Mann musst, weißt du, musst du hart sein, verstehst du."[72]

Ich vermute daher, dass die Gewaltbereitschaft, die in den Ehrenmorden zum Ausdruck kommt, auch aus tiefen Verwundungen der männlichen Familienmitglieder erwächst. Über die „mannhafte" Wiederherstellung ihrer Ehre versuchen sie, etwas zu reparieren, das früh verletzt worden ist: ihre Würde und Selbstachtung. Das ist ein ebenso brutaler wie verzweifelter und natürlich untauglicher Versuch, dem im Grunde zwei zum Opfer fallen: Die getötete Frau und die zarteren, selbstbejahenden Regungen des Mannes.

Solche Ehre will äußere Anpassung und Normgerechtigkeit, selbst wenn dabei Liebe und Bindung auf der Strecke bleiben, wogegen Würde auf der Anerkennung eines allem zugrunde liegenden Anspruchs auf Achtung beruht.

Wie die Würde wichtig wurde

Im Ethikunterricht fragte ein Polizeischüler, auf welchen Werten unsere Kultur beruhe. Daraus ist eine Unterrichtseinheit über die geschichtlichen Voraussetzungen des Würdebegriffes entstanden. Dieser gehört, wie im vorigen Kapitel gezeigt, zu den zentralen ethischen und politischen Kategorien der Gegenwart. An seiner Entstehung lassen sich wesentliche Züge unserer sogenannten abendländischen Kultur herausarbeiten.

Nun sind geistesgeschichtliche Exkurse nicht jedermanns Sache. Polizistinnen und Polizisten denken meist pragmatisch und wollen wissen, wozu solche Betrachtungen im Alltag nützlich sind. Meine Antwort: Öfter, als man denkt, wirken sich Überzeugungen und Geschichtsbilder auf das Zusammenleben aus. So erfährt der Begriff des *christlichen Abendlandes* seit einiger Zeit eine zweifelhafte Konjunktur: Er dient als Kampfbegriff gegen eine befürchtete Islamisierung Westeuropas und verbindet sich mit nationalistischen Parolen. Auf einer Demonstration der rechtsgerichteten PEGIDA („Patriotische Europäer gegen die Islamisierung des Abendlandes") hielt jemand ein beleuchtetes Kreuz in den deutschen Nationalfarben hoch.

Deutsch-nationales Christentum?
© picture alliance/dpa/
Ralf Hirschberger

Diese Symbolkombination zeugt nicht nur von Geschmacksverirrung, sondern auch von profunder Unkenntnis des christlichen Glaubens. Den beschworenen Werten des Abendlandes widerspricht sie völlig. Das möchte ich mit einigen historischen Beispielen belegen. Dabei werde ich mich auf wenige, mir besonders bedeutsam erscheinende Aspekte beschränken. Wer das dennoch zu geschichtslastig findet, möge ab Seite 130 weiterlesen.

Universales Denken

Das Christentum war von Anfang an eine universale Bewegung. Der Apostel Paulus reiste um die halbe damals bekannte Welt, um den neuen Glauben aus seiner jüdischen Herkunft herauszuführen (Jesus war Jude – auch das machen sich die wenigsten Menschen klar) und in die weite Welt zu tragen (damals nannte man das „zu den Heiden"). Die ersten christlichen Gemeinden sammelten sich rund ums Mittelmeer in Jerusalem und Damaskus, Athen und Rom, auf Zypern und Sizilien, in Nordafrika und der heutigen Türkei, etwas später in Spanien und Frankreich. Mit Patriotismus hatte das alles nichts zu tun. Nationen im heutigen Sinne gab es ohnehin nicht. Wegen dieser von Anfang an aufs Weltganze ausgerichteten Haltung traut der Soziologe Ulrich Beck dem Christentum einen wichtigen Beitrag bei der Bewältigung unserer aktuellen globalen Krisen zu.[73] Wenn sich also jemand auf die kulturellen Wurzeln Europas beruft und dabei – mit Recht – an das Christentum denkt, sollte er sich dessen universalen Geist vor Augen halten.

Neben dem Christentum haben jedoch, wie in der Einleitung schon erwähnt, auch andere Einflüsse unsere Kultur geprägt.

Ich denke hier vor allem an
- die klassische antike Philosophie um 400 v. Chr.,
- die Renaissance um 1500 n.Chr.,
- die Aufklärung um 1750.[74]

Was die letztgenannten Epochen zu unserem Verständnis von Menschenwürde beigetragen haben, will ich im Folgenden skizzieren. Wenn ich mich dabei auf einige Personen und Werke der Hochkultur konzentriere, ist zu bedenken: Die geistigen Hervorbringungen einer Kultur müssen immer zusammen mit den wirtschaftlichen und politischen Verhältnissen betrachtet werden, in denen sie entstehen. In meiner knappen Darstellung gehe ich darauf jedoch nur am Rande ein.

Die Geburt des modernen Menschen

Die Renaissance kann man nicht ohne den gewaltigen Aufschwung von Handel, Handwerk und Wissenschaft in den spätmittelalterlichen Städten verstehen. Er verlieh vor allem den Stadtbürgern im 15. Jahrhundert ein ganz neues Selbstbewusstsein. Die Entdeckung Amerikas, die Weltumseglung Magellans, die kopernikanische Wende in der Astronomie, die Revolution im Buchdruck, die protestantische Reformation: All dies veränderte das Lebensgefühl tiefgreifend.[75] So schrieb der dichtende Ritter Ulrich von Hutten (1488-1523), ein Zeitgenosse Luthers: „O Jahrhundert, o Wissenschaft! Es ist eine Lust zu leben. Die Studien blühen, die Geister regen sich. Barbarei, nimm dir einen Strick und mach dich auf Verbannung gefasst!"[76]

Künstler wie *Leonardo da Vinci* (1452-1519), *Albrecht Dürer* (1471-1528) und *Michelangelo Buonarotti* (1475-1564) zeigten in ihren Werken ein neues Menschenbild.

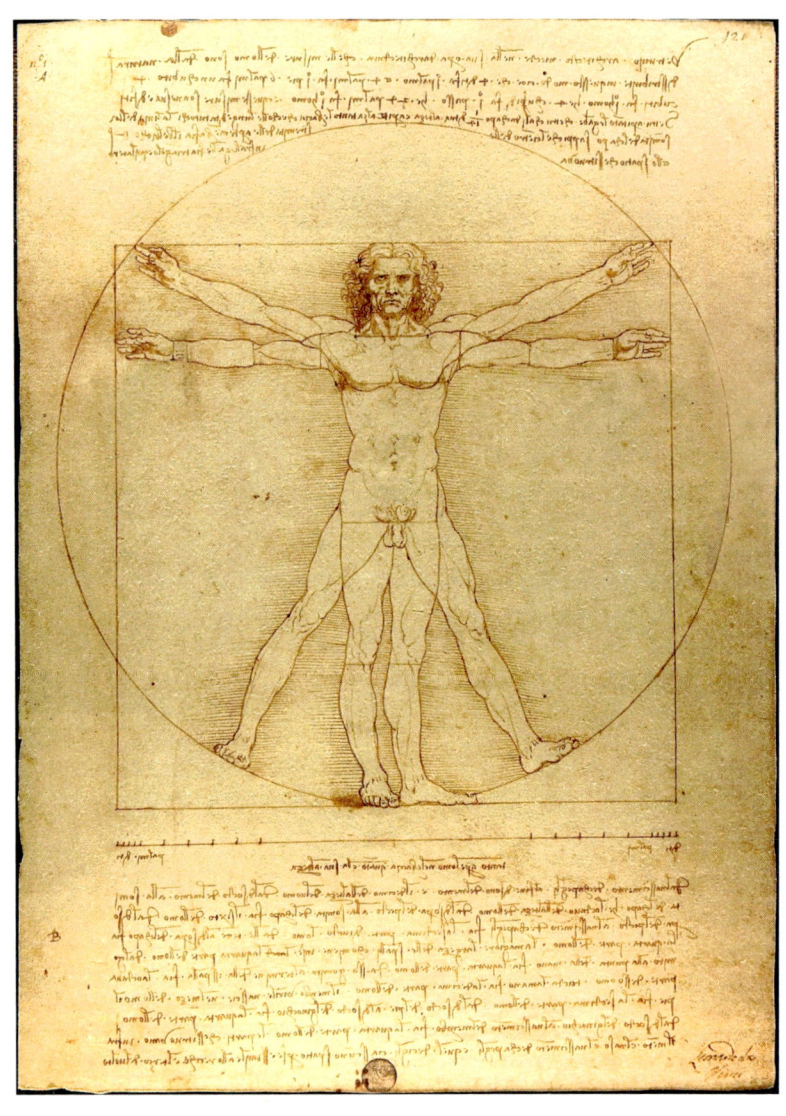

Lenoardo da Vinci, Der vitruvianische Mensch (ca. 1490)
Galleria dell' Academia Venedig / Wikimedia Commons

Der Mensch im Mittelpunkt

Dies dürfte die meist reproduzierte Grafik der Welt sein. Nach über 500 Jahren bewährt sie sich immer noch als Design-Element für Medizinprodukte oder Sportstudios, für alles, was irgendwie mit dem menschlichen Körper zu tun hat.

Leonardo, der Alleskönner – Maler, Erfinder, Techniker – bebildert hier ein Lehrbuch über die Proportionen des menschlichen Körpers, das eineinhalb Jahrtausende vor ihm ein gewisser Vitruvius verfasst hat – daher der seltsame Titel des Bildes.[77]

Die *Renaissance* hat einige Errungenschaften der klassischen Antike wiederentdeckt, so auch die naturgetreue Darstellung des menschlichen Körpers, wie wir sie noch heute an den antiken Statuen bewundern. Davon inspiriert versuchten die Künstler der Renaissance, dem Geheimnis menschlicher Schönheit auf die Spur zu kommen. Leonardo zeigt: Der Mensch ist so groß wie die Spannweite seiner Arme. Das ergibt eine mathematische Idealform: das Quadrat. Seine Hände und Füße berühren den Bogen eines Kreises, einer noch vollkommeneren Form.

Dieser Blick auf den Menschen ist wissenschaftlich und nüchtern. Ein religiöser Bezug, wie er für das Mittelalter typisch war, fehlt. Das Ideale wird *im Menschen* gesucht und gefunden. Uns ist diese Betrachtungsweise vertraut – ja: wir sind schon wieder darüber hinaus und skeptischer geworden –, damals war sie eine kulturelle Revolution.

Dass der Mensch sich sowohl als Gattung wie als Individuum wichtig nimmt und von seinen eigenen Fähigkeiten begeistert ist, macht die Renaissance zur Geburtsstunde der Moderne. Damals beginnt, was 250 Jahre später zum Hauptthema der Aufklärung wird: Der Mensch als vernunftbegabtes Wesen kann stolz auf sich sein.

Albrecht Dürer, Selbstbildnis im Pelzrock (1500)

Alte Pinakothek München / Wikimedia Commons

Schön wie Christus

Die hoheitsvolle Haltung, der kostbare Pelz, die gepflegte Hand, der offene Blick – alles drückt aus: Dieser Mensch ist sich seiner Würde bewusst. Dürers Selbstbild verschmilzt sogar mit dem Bild Christi. Ist das Größenwahn?

Bei allem Stolz auf das eigene Können war Dürer ein bescheidener Mensch. Deshalb sehe ich in seiner kühnen Überblendung eher den Wunsch, Christus ähnlich zu werden, ganz im Sinne der mittelalterlichen Imitatio (Nachahmung) Christi. Aber anders als mittelalterliche Darstellungen, die einen leidenden Christus zeigten, in dem die Gläubigen sich mit ihrem entbehrungsreichen Leben wiedererkannten, legt Dürer seinem Portrait einen schönen und geradezu stolzen Christus zugrunde. Er ist – ähnlich wie der Vitruvianische Mensch von da Vinci und Michelangelos Adam – das Urbild eines vollkommenen Menschen. So vereinen sich bei Dürer fromme Bescheidenheit und Stolz.

Seit der Renaissance hat sich das menschliche Selbstbewusstsein zunehmend von kirchlicher Bevormundung gelöst und sogar in Gegnerschaft zum christlichen Glauben entwickelt. Bei Dürer sehen wir jedoch, dass es sich nicht gegen die Religion richten *muss*, sondern ebenso gut auf christliche Vorbilder beziehen kann.

Michelangelo Buonarroti, Die Erschaffung Adams (1512)
Sixtinische Kapelle Rom / Wikimedia Commons

Ebenbild Gottes

Noch matt und fragend, doch von ebenso kraftvoller Statur wie sein Schöpfer, empfängt der erste Mensch von Gott das Leben. Er befindet sich fast auf gleicher Ebene mit Gottvater und hält ihm ein wenig lässig die Hand hin, Gott muss sich weit hinüber beugen, um am Menschen sein Schöpfungswerk zu vollenden.

Michelangelo setzt hier einen merkwürdigen Vers aus der biblischen Schöpfungsgeschichte ins Bild, der lautet: „Gott schuf den Menschen zu seinem Bilde, zum Bilde Gottes schuf er ihn."[78]

Gottesebenbildlichkeit darf man – wie vieles in der Bibel – nicht wörtlich verstehen. Gott sieht nicht aus wie ein Mensch. Das zweite der Zehn Gebote lautet nicht umsonst: „Du sollst dir kein Bild von Gott machen." Gottesebenbildlichkeit bedeutet, dass der Mensch mit Gaben ausgestattet ist, die ihm eine besondere Stellung und Verantwortung in der Schöpfung verleihen.

Daher lässt der Renaissance-Schriftsteller *Pico della Mirandola* (1463-1494) in seiner „Rede über die Würde des Menschen" (hier taucht der Begriff als eigenes Thema zum ersten Mal auf!) Gott zum gerade geschaffenen Menschen sagen:

> *„Weder als einen Himmlischen noch als einen Irdischen habe ich dich geschaffen und weder sterblich noch unsterblich gemacht, damit du wie ein Former und Bildner deiner selbst nach eigenem Belieben und aus eigener Macht zu der Gestalt dich ausbilden kannst, die du bevorzugst. Du kannst nach unten hin ins Tierische entarten, du kannst aus eigenem Willen wiedergeboren werden ins Göttliche."*[79]

Dem Menschen, so Pico, ist *alles* möglich. In der Freiheit zum Bösen wie zum Guten liegt seine besondere Auszeichnung, seine Würde. Ein höchst aktueller Gedanke, wenn wir etwa an die *Möglichkeiten* des modernen Menschen denken, sich eines Tages vielleicht sogar gentechnisch selbst zu erschaffen und die Welt in ungekanntem Ausmaß umzugestalten – oder zu vernichten.

Dass der Mensch – als Gattung wie als Einzelner – ein freies Wesen sei, das über sich selbst bestimmen kann, zieht sich seit der Renaissance als wachsende Überzeugung durch die weitere abendländische Geschichte.

Heute beklagen viele, dass diese Entwicklung zu weit gegangen sei. Die Freiheit des Individuums habe eine übergroße Bedeutung erlangt, die Bindekräfte in der Gesellschaft seien geschwunden. Die Zahl selbstverliebter, narzisstischer Menschen, die nur noch um sich selbst kreisen, sei immer größer geworden.

Außerdem sei die Freude an den eigenen Möglichkeiten in einen Zwang zur Selbstoptimierung umgeschlagen, der den angeblich freien modernen Menschen innerlich beherrsche.

Daran ist manches richtig. Wir stehen heute vor der Herausforderung, Bindung und Verbindlichkeit immer wieder neu herstellen zu müssen. Sie sind nicht mehr selbstverständlich. Dennoch ist es ein großer Fortschritt, dass Menschen sich nicht länger als unfreie Glieder einer unverrückbar fest gefügten Ordnung verstehen müssen, womöglich als Leibeigene, kirchlicher und staatlicher Obrigkeit ausgeliefert, der Zensur unterworfen, von metaphysischen Schuldgefühlen und Höllenängsten geplagt und zu eigenen persönlichen Ansprüchen nicht berechtigt.[80] Dem gegenüber war die (Wieder-)Entdeckung der kritischen Vernunft und der persönlichen Freiheit ein Segen.

Eine gänzlich neue Erfindung war sie nicht. Schon Sokrates hatte ein Musterbeispiel für selbstbewusstes und kritisches Denken gegeben. Aber was in den Stadtstaaten der Antike, besonders in Athen, bereits zu hoher Blüte gelangt war, musste im ausgehenden Mittelalter noch einmal „wiedergeboren" werden, ehe es die Bedeutung gewinnen konnte, die Freiheit, Selbstbestimmung und Menschenwürde heute besitzen.

Das Gute und das Böse im Menschen

Die christliche Kirche hat diese Werte lange Zeit nicht gefördert, sondern mit Argwohn betrachtet und sogar bekämpft. Aufgrund ihrer Verschmelzung mit weltlicher Macht, ausgestattet mit den entsprechenden Privilegien, hat sie sich gegen alles gestemmt, was irdische Macht infrage stellen konnte. Auch sah sie den Menschen nicht als wunderbares Geschöpf, wie Michelangelo oder Dürer in ihren Gemälden, sondern als armen Sünder, der froh sein durfte, wenn ihm mithilfe der Kirche seine unermessliche Schuld vergeben wurde. Eigene Ansprüche ans Leben sollte er keine stellen.

Für ein derart pessimistisches Bild vom Menschen konnte sie durchaus biblische Belege vorweisen. So heißt es im 1. Buch

Mose: „Das Trachten des menschlichen Herzens ist böse von Jugend an."[81] Doch insgesamt spricht die Bibel nicht nur schlecht vom Menschen. Die Gottesebenbildlichkeit des Menschen haben wir gerade erörtert. Ähnlich klingt folgendes Psalmgebet: „Was ist der Mensch, dass du seiner gedenkst? Du hast ihn wenig niedriger gemacht als Gott, mit Ehre und Herrlichkeit hast du ihn gekrönt ..."[82]

Man kann solche gegensätzlichen Beschreibungen als unausgegorene Widersprüche bezeichnen. Für mich ergeben sie in der Gesamtschau eine realistische Beschreibung im Sinne des Pico, der dem Menschen im Guten wie im Bösen schlechterdings alles zutraut. Genauso hat es auch ein KZ-Häftling erlebt, der nach seiner Befreiung sagte: „Manche Menschen sind im Konzentrationslager zu Teufeln geworden und manche zu Engeln."[83]

Fortschritte ...

Etwa 200 Jahre nach der Renaissance, in der *Aufklärung*, gewann das moderne Bild vom Menschen weitere Konturen. Zwar hatten die Philosophen dieser Epoche[84] recht unterschiedliche Auffassungen über die Natur des Menschen, aber alle räumten der Vernunft und der Selbstbestimmung eine überragende Rolle bei der Gestaltung der menschlichen Gesellschaft ein. Kant formulierte den bereits erwähnten, einprägsamen Wahlspruch: „Habe Mut, dich deines eigenen Verstandes zu bedienen!"

1776 wurde aus den Theorien Ernst: Die amerikanischen Siedler erklärten ihre Unabhängigkeit von Großbritannien, inspiriert vor allem von der Philosophie John Lockes, mit einer Grundsatzerklärung über die *Rechte des Menschen*:

„Folgende Wahrheiten erachten wir als selbstverständlich: dass alle Menschen gleich geschaffen sind; dass sie von ihrem Schöpfer mit gewissen *unveräußerlichen Rechten* ausgestattet sind, dass dazu Leben, Freiheit und das Streben nach Glück gehören; dass zur Sicherung dieser Rechte Regierungen unter den Menschen eingesetzt werden ..." [Hervorhebung von mir; FR]

Wenige Jahre später, 1789, begründete die Französische Revolution ihre Erklärung der *Menschen- und Bürgerrechte* in Anlehnung an die amerikanische Unabhängigkeitserklärung mit folgenden Worten:

„Artikel 1: Alle Menschen werden frei und gleich an Rechten geboren und bleiben es. Die gesellschaftlichen Unterschiede dürfen nur im gemeinsamen Nutzen begründet sein.

Artikel 2: Das Ziel jeder politischen Vereinigung ist die Erhaltung der natürlichen und unverzichtbaren *Menschenrechte*. Diese Rechte sind die Freiheit, das Eigentum, die Sicherheit und der Widerstand gegen die Unterdrückung."

Der moderne Begriff der Menschenrechte – noch ohne Bezug auf die *Würde* des Menschen – war geboren.[85] Beide Erklärungen wiesen dem Staat eine *dienende* Rolle zu: Er sollte die Rechte der Bürgerinnen und Bürger sichern. Dabei leitete die Französische Revolution die Menschenrechte aus der Natur ab. Die Gründer der USA hingegen, viele von ihnen fromme Siedler, beriefen sich auf Gott, den Schöpfer.

... und Rückschritte

Geschichtliche Entwicklungen verlaufen nie geradlinig. Sie sind verschiedensten Einflüssen, Gegenströmungen und Rückschlägen ausgesetzt. Manchmal brauchen sie lange, um offen an den Tag zu treten. Manchmal sind sie erst im Rückblick erkennbar.

Anfang des 20. Jahrhunderts ging die Würde des Menschen in Deutschland während einer Epoche unvorstellbaren Grauens wieder unter. Unter der Herrschaft der Nationalsozialisten beging die „Nation der Dichter und Denker" einen industriell durchgeführten Massenmord an sechs Millionen Juden und führte im Streben nach der Weltherrschaft einen Krieg, der mehr als 50 Millionen Menschen das Leben kostete. Vorausgegangen war eine „Umwertung aller Werte" (Nietzsche)[86], wie sie radikaler nicht sein konnte: Mitten im sogenannten christlichen Abendland wurden Barmherzigkeit, Nächstenliebe und Gerechtigkeit durch eine Philosophie des Herrenmenschen ersetzt, dem jede Rücksichtslosigkeit erlaubt, ja sogar geboten war, wenn sie seiner „Rasse" diente.

Diese völlige Umkehrung jeglicher Moral führt eindrücklich vor Augen, wie schnell moralische Werte unter dem Ansturm entgegengesetzter Interessen, Leidenschaften und Ängste zusammenbrechen können. Dies tritt noch deutlicher hervor, wenn man sich in Erinnerung ruft, dass damals auch in Spanien und Italien der Faschismus herrschte (wenngleich nicht so grausam wie in Deutschland), und dass zur selben Zeit in Russland der Stalinismus aus der kommunistischen Menschheitsutopie eine Terrorherrschaft mit Millionen von Todesopfern machte.[87]

Neubeginn

Diese Erfahrungen veranlassten die Vereinten Nationen nach dem Zweiten Weltkrieg, die Menschenrechte tiefer zu begründen. Die Allgemeine Erklärung der Menschenrechte von 1948 beginnt so:

„Präambel: Da die *Anerkennung der angeborenen Würde* und der gleichen und unveräußerlichen Rechte aller Mitglieder der Gemeinschaft der Menschen die Grundlage von Freiheit, Gerechtigkeit und Frieden in der Welt bildet, und da die Nichtanerkennung und Verachtung der Menschenrechte zu Akten der Barbarei geführt haben, die das Gewissen der Menschheit mit Empörung erfüllen ... verkündet die Generalversammlung diese Allgemeine Erklärung der Menschenrechte als das von allen Völkern und Nationen zu erreichende gemeinsame Ideal ..."

„Artikel 1: Alle Menschen sind frei und *gleich an Würde und Rechten* [Hervorhebungen von mir; FR] geboren. Sie sind mit Vernunft und Gewissen begabt und sollen einander im Geiste der Brüderlichkeit begegnen."

Der Wohlklang all dieser Erklärungen darf freilich nicht vergessen machen: So wenig, wie sich die christliche Kirche von Jesu Bergpredigt daran hat hindern lassen, im Lauf der Jahrhunderte zahlreiche Verbrechen zu begehen, so wenig ließen sich die amerikanischen Siedler davon abhalten, den Kontinent zu erobern, die indianischen Völker nahezu auszurotten und aus Afrika Sklaven zu importieren. „Zwischen 1787 und 1807 [also *nach* der Unabhängigkeitserklärung, die allen Menschen die gleichen Rechte bescheinigte; FR] wurden mehr Sklaven in die Vereinigten Staaten importiert als in jeder anderen Zwanzigjahresperiode davor."[88] Die aufgeklärten Nationen Europas hatten jahrhundertelang keine Hemmungen, fremde Kontinente auszubeuten und brutal niederzuhalten, wodurch vor allem in Afrika politische Strukturen und wirtschaftliche Abhängigkeiten geschaffen wurden, deren Folgen heute mit Wucht auf Europa zurückkommen. „Vergewaltigungen, das Verschwindenlassen von Menschen, Hinrichtungen auf Verdacht oder bei minimalen Vergehen, kollektive Bestrafungen, Vernichtung der Ernte, Zerstörung von Ortschaften, Umsiedlung von Bevölkerung, Beschlagnahmung aller Habe – es gab eine breite Palette kolonialer Gewalt."[89] Parolen wie Freiheit, Gleichheit und Brüderlichkeit haben einen hohen Klang, solange sie sich mit eigenen Unabhängigkeitsbestrebungen verbinden. Wo sie jedoch nationalen, kolonialen, ökonomischen Interessen zuwiderlaufen, fanden und finden sich immer wieder Gründe, nicht so genau hinzuhören.

Gleichwohl ist die Erklärung der Menschenrechte ein historisch erstrangiges Ereignis. Sie schafft einen moralischen und rechtlichen Rahmen, auf den sich weltweit „alle Menschen guten Willens"[90] berufen können, gleich welcher Kultur und welchen Glaubens oder Nichtglaubens.

Für Deutschland schuf diesen Rahmen 1949 das Grundgesetz mit den nun schon mehrfach zitierten, prägnanten ersten Sätzen:

> Artikel 1
>
> Die Würde des Menschen ist unantastbar.
> Sie zu achten und zu schützen ist Verpflichtung aller staatlichen Gewalt.

So mühsam es für Strafverfolgungsbehörden mitunter ist, den hohen Ansprüchen gerecht zu werden, die aus diesen Sätzen etwa vom Bundesverfassungsgericht abgeleitet werden: Sie garantieren einen Standard unserer politischen Kultur, auf den wir stolz sein können.

Im Frühjahr 2002 besuchte ich Hamburger Polizisten im Kosovo, die dort in einer Peace Keeping Mission eingesetzt waren. Einer berichtete: „Wir genießen hier ein hohes Ansehen. Die Leute sagen: »Deutsche Polizisten arbeiten korrekt. Die sind nicht bestechlich. Die schlagen niemand.«" Damit war gewiss nicht bloß preußische Korrektheit gemeint, sondern eine Haltung anderen Menschen gegenüber, die von hohen moralischen Standards bestimmt ist.

Im Inneren

Wer die Polizei nur aus Krimis, der Zeitung oder auch von Begegnungen auf der Straße kennt, würde sich wahrscheinlich wundern, wenn er hören könnte, worüber Polizistinnen und Polizisten vor allem klagen. Es sind nicht die Themen, die ich bisher behandelt habe, sondern „die Behörde", wie sie gerne sagen, also ihre eigene Organisation.

Ja, die Polizei ist auch eine Behörde, und zwar eine riesige, mit zum Beispiel in Hamburg knapp 10.000 Mitarbeiterinnen und Mitarbeitern. Zu einer Behörde gehören Paragraphen, geregelte Abläufe, Zuständigkeiten, Maßstäbe, Hierarchien, Arbeitsplatzbeschreibungen, schriftliche Dokumentationen, Aufstiegsprozeduren, politische Abhängigkeiten – genau das, was sich auch der Normalbürger unter Bürokratie vorstellt. Behörden können nicht nur Bürgerinnen und Bürgern das Leben schwer machen, sondern auch denen, die in ihrem Inneren arbeiten. Der Apparat Polizei verbraucht im Erleben seiner Beamtinnen und Beamten mindestens so viel Energie wie die Herausforderungen der Außenwelt.

Dennoch darf man Bürokratie nicht einfach schlecht machen. Ohne eine sauber arbeitende Bürokratie, ohne geregelte und nachvollziehbare Abläufe, kann keine moderne Gesellschaft bestehen. Das wird sofort augenfällig, wenn wir auf Staaten sehen, die noch von Clan-Strukturen und Korruption bestimmt sind. Hier gehört der Aufbau einer ordentlichen Bürokratie zu den vordringlichsten Aufgaben.

Aber Bürokratie hat eine Tendenz zur Verselbständigung und wird dann als lebensfremd und behindernd empfunden, anstatt, was ja ihr eigentlicher Sinn ist, als Unterstützung. So habe ich oft Schutzpolizisten über ein zu hohes Maß an Dokumentationspflichten klagen hören, das sie von ihrer eigentlichen Arbeit abhalte.

Insgesamt ergibt das gerade bei der Schutzpolizei eine eigentümliche Mischung aus selbständig zu bewältigender Arbeit „auf der Straße" und großer Abhängigkeit, um nicht zu sagen Unselbständigkeit, innerhalb des Apparates. Diese Mischung dürfte mit daran schuld sein, dass bei vielen Polizeibeamtinnen und -beamten die Berufszufriedenheit im Laufe der Dienstjahre immer weiter sinkt.

Eine bereits Jahrzehnte alte Studie nennt unter elf Gründen für sinkende Motivation fünf, die mit bürokratischen Strukturen zu tun haben:
- Hierarchischer Behördenaufbau und verkrustete Strukturen
- Bürokratischer Arbeitsstil
- Schlechte Stellen- und Beförderungssituation
- Einengung des Handlungsspielraums durch Zunahme von Vorschriften
- Zuviel formalisierte Kommmunikation (Dienstvorschriften / Statistik)[91]

Vermutlich würden auch heute die meisten Polizisten ähnliche Motivationsbremsen nennen. Unter ethischen Gesichtspunkten scheint mir der dritte Punkt, das Thema *Beförderung*, besonders wichtig. Mein Eindruck ist nämlich: Durch ein Übermaß an Differenzierung wird das legitime Verlangen nach Gerechtigkeit zugleich angestachelt und frustriert. Das erzeugt statt der angestrebten Zufriedenheit das genaue Gegenteil: Enttäuschung, Konkurrenz und Neid. Ich glaube, dass es sich lohnen würde, einmal diese ganze Struktur infrage zu stellen, und möchte dazu folgende Überlegungen beisteuern:

Beurteilung und Karriere

Wer in Hamburg nach der Realschule oder einer abgeschlossenen Berufsausbildung in den mittleren Dienst der Polizei eintritt,[92] hat die theoretische Chance, im Laufe seines Berufslebens über den gehobenen und den höheren Dienst mehr als 17 Karrierestufen zu erklimmen: Polizeimeister, Obermeister, Hauptmeister, Hauptmeister mit Zulage, Kommissar, Oberkommissar, Hauptkommissar A11, Hauptkommissar A12, Erster Hauptkommissar, Erster Hauptkommissar mit Zulage, Rat, Oberrat, Direktor, Leitender Direktor, Leitender Direktor B2, Leitender Direktor B3, Polizeivizepräsident.

Ich zähle diese Stufen so sorgfältig auf (und habe schon zwei Zwischenschritte ausgespart), weil sie ahnen lassen, welchen Raum sie bei der Berufsausübung und in der Zukunftsplanung eines Polizisten einnehmen können. Immer wieder gibt es Beurteilungen, Prüfungen, Auswahlverfahren. Themen wie Maßstabsgerechtigkeit, Beurteilungskriterien, Gaußsche Normalverteilung, Beförderungsstau etc. bestimmen das Betriebsklima in einem Maße, das mich, als jemanden, der einer ebenfalls großen Organisation angehört, die aber völlig anders funktioniert, immer wieder erstaunt.

Zwar ist die Idee der *Einheitslaufbahn* verlockend: Jeder Kollege und jede Kollegin hat die Chance, prinzipiell alles zu erreichen. Der Preis ist jedoch hoch. Die Möglichkeit, immer noch eine Stufe höher zu steigen, das ständige Beurteilt-Werden, der Vergleich mit Kollegen, welche die gleiche Arbeit machen, aber angeblich viel qualifizierter sind und deshalb mehr verdienen, die vom Staatssäckel abhängigen Beförderungswellen oder -staus, ein Katalog von niemals widerspruchsfrei miteinander verknüpfbaren Kriterien, Gerichtsprozesse gegen getroffene Personalentscheidungen usw.: All das bindet eine unglaubliche

Menge an Energie, erzeugt Konkurrenz, Enttäuschung, Anpassung, Demotivation – kurz: Es beeinträchtigt die Berufszufriedenheit und das Miteinander erheblich.[93] Doch wer in diesem System lange genug gearbeitet hat, kann sich offenbar nur noch schwer etwas anderes vorstellen. Meist blickte ich, wenn ich diese Struktur als ganze infrage stellte, in verblüffte Gesichter.

Natürlich sollen unterschiedliche Leistungen gerecht entlohnt und die richtigen Leute für die richtigen Positionen ermittelt werden. Dies ließe sich aber auch mit Verfahrensweisen erreichen, die weniger Abhängigkeit und Unmut erzeugen. Voraussetzung wären eine andere Gesamtkonstruktion mit einem höheren Grundgehalt und deutlich weniger Hierarchiestufen. Dadurch würde die Aufstiegs- und Beurteilungsthematik in den Hintergrund treten und Aufmerksamkeit für das frei, was der Berufszufriedenheit am meisten dient, nämlich die *intrinsische Motivation*: Welche Aufgabe entspricht am meisten meinen Fähigkeiten? Welche Tätigkeiten erfüllen mich mit Befriedigung?

Mir ist natürlich klar, dass die Aufgaben der Polizei eine andere Organisation als die der Kirche oder einer Bildungsbehörde erfordern. Mit den demokratischen Strukturen der evangelischen Kirche wäre die Polizei nicht einsatzfähig. Auch erschwert das Beamtenrecht tiefgreifende Änderungen. Dennoch müsste eine Struktur möglich sein, die dem Betriebsklima förderlicher ist. Hier wünschte ich der Polizei mehr Phantasie und Mut.

Im höheren Dienst hört die Konkurrenz leider nicht auf. Wer den Sprung auf diese Ebene geschafft hat, sieht sich als junger Rat innerhalb seiner neuen Bezugsgruppe wieder am Anfang und vergleicht sich über kurz oder lang nicht mehr mit dem, was er erreicht hat, sondern mit dem, was vor bzw. über ihm liegt. Und falls er nach zwei oder drei Jahrzehnten „nur" eine

Stufe höher, als Oberrat, in den Ruhestand geht, gilt er manchen als jemand, der „es nicht geschafft hat".

Um zu verdeutlichen, worin ich das Problem sehe, will ich den Blick auf ähnlich qualifizierte und besoldete Berufsgruppen außerhalb der Polizei lenken.

Ein Oberrat gehört zur Besoldungsgruppe A14 und verdient etwa so viel wie ein Oberstufenlehrer am Gymnasium oder ein Pastor. Auch ein Oberarzt würde zu dieser Kategorie zählen, aber Ärzte in einem Krankenhaus sind gleichfalls Teil eines sehr hierarchischen Systems, deswegen mag für sie das Folgende nicht gelten: Die wenigsten Lehrer oder Pfarrer würden auf die Idee kommen, ihren beruflichen Erfolg daran zu messen, ob sie irgendwann auch noch Schulleiter, Dekan oder gar Bischof geworden sind. Solche Funktionen sind Wahlämter, und die meisten streben sie gar nicht an. Ein höherer Status und ein höheres Gehalt, also Karriere, spielen für sie schlichtweg keine Rolle. Sie bekommen ein gutes Gehalt, und im Übrigen beziehen sie ihre Berufszufriedenheit daraus, wie gut sie ihre Aufgaben bewältigen und natürlich: wieviel Anerkennung sie dafür bekommen.

Wie man aus der Motivationsforschung weiß,[94] sind solche Faktoren wichtiger als Geld und Status. Selbst deren Wert liegt ja zum Teil außerhalb ihrer selbst, nämlich in der Anerkennung, die sie symbolisieren. Steckt man Menschen jedoch in ein Gefüge, in dem es immer noch einen höheren Status und ein höheres Einkommen gibt, stellen sie automatisch einen Vergleich nach oben an. Vielen (zum Glück nicht allen) erscheint dann das Erreichte im Vergleich zum theoretisch Erreichbaren als wenig. Koppelt sich dies mit dem Gefühl, ungerecht bewertet, von ehrgeizigen Kollegen ausgetrickst oder bei der Beförderung durch politische Vorgaben gebremst zu werden, entstehen fast zwangsläufig Konkurrenz, Neid und Misstrauen – die altbekannten Todsünden.

Letzteres gilt auf allen Hierarchiestufen. Im höheren Dienst kommt hinzu, dass er von der Politik unter Beobachtung steht, und dass seine Mitglieder durch häufigere Versetzungen im Dienste der Verwendungsbreite[95] eine eher schwache Verankerung an ihrer jeweiligen Dienststelle haben. Ihr Status ist weniger stabil, als es „von unten" oft aussieht. Sie stehen daher unter einem besonderen Anpassungsdruck und in einem eigenen Wettbewerb. Kein Wunder, dass manche den höheren Dienst als Haifischbecken beschreiben. Der Kriminalbeamte Rolf Jaeger hat sogar einmal vom „Opportunismus als Überlebensprinzip im höheren Polizeivollzugsdienst"[96] gesprochen – eine Formulierung, der manche Mitglieder des höheren Dienstes energisch widersprechen, andere hingegen etwas melancholisch zustimmen.

Da ich viele Mitglieder des höheren Dienstes als integre Menschen kennengelernt habe, bin ich überzeugt, dass solche Probleme nicht so sehr den Einzelnen angelastet werden sollten, sondern vor allem dem Gefüge, in dem diese sich bewegen. Strukturen können Konkurrenzdenken fördern, ja geradezu züchten, oder auch dämpfen.

In einer Gesprächsrunde erklärten mir einige Ratsanwärter, dass sie sich selbst treu bleiben wollten, auch wenn das ein Karrierehindernis bedeuten sollte. Einigen ist das sicherlich auch gelungen. Ich habe etliche geradlinige Polizeiführer kennengelernt, und der eine oder andere hat unter einem Innensenator, der heute nur noch durch peinliche Auftritte im Trash-TV von sich reden macht, einen Preis dafür bezahlt. Dieser bestand vielleicht „nur" in der Versetzung an eine unbedeutende Dienststelle. Finanziell war damit keine Einbuße verbunden. Dennoch erforderte es Rückgrat, eine solche Abschiebung in die dritte Reihe in Kauf zu nehmen.

Leitung

Wo das Zusammenleben organisiert werden muss, braucht es Führung. Das ist bereits in überschaubaren Stammesgemeinschaften so, erst recht in hochkomplexen Gesellschaften. Wir bejahen diese Tatsache[97] fast instinktiv. Für Polizisten ist sie selbstverständlich. Aber natürlich fragen sie,
- ob die von der Führung vorgegebenen Ziele sinnvoll und die dafür eingesetzten Mittel effizient sind,
- und ob die Führenden mit den Mitarbeiterinnen und Mitarbeitern gut umgehen.

Besonders der zweite Punkt berührt ethische Fragen: Welcher Geist herrscht zwischen Führung und Mitarbeiterschaft? Wieviel Angst oder umgekehrt Vertrauen gibt es zwischen ihnen, wieviel Respekt und Transparenz? Dazu die folgenden Überlegungen:

Die Goldene Führungsregel

Eine große Rolle für die Leistungsfähigkeit *und* für das Betriebsklima spielt die Leitung einer Organisation – bzw. *in* dieser Organisation, denn auf die eine oder andere Weise nehmen gerade in der Polizei sehr viele Menschen eine Leitungsaufgabe war: nicht nur der Polizeipräsident, der Direktionschef oder die Abteilungsleiterin, sondern auch der Gruppenführer in der Bereitschaftspolizei, der Leiter einer Arbeitsgruppe, die Wachhabende, der Anleiter eines Praktikanten usf.

Sie alle haben eine „Sandwichposition" inne, d.h. sie leiten selbst und sie *werden* von anderen geleitet. Das kann ungemütlich sein, wenn man Beschlüsse weiterreichen und vertreten muss, die man selber so nicht gefasst hätte.

Es hält aber auch eine Erfahrung am Leben, die nützlich ist, wenn man über gute Führung nachdenkt, nämlich wie es ist, geführt zu *werden*. Als Vorgesetzter kann ich die Goldene Regel fast unmittelbar anwenden, indem ich mich frage: Wie ginge es mir als Mitarbeiter mit dem Auftreten, das ich, der Vorgesetzte, an den Tag lege, und mit der Art, wie Entscheidungen zustande kommen? Falls ich mich nicht mehr so genau daran erinnere, wie das für mich als einfacher Mitarbeiter war, erinnert mich mein jetziger Vorgesetzter täglich daran, wie es heute ist.

Situativ führen

Führungsstile werden gerne in Kategorien eingeteilt wie kooperativ, autoritär oder laissez faire. Tannenbaum und Schmidt[98] unterscheiden in ihrer Führungslehre zwischen sieben Graden der Mitarbeiterbeteiligung von autoritär bis demokratisch. Alles in allem gilt heute der *kooperative Führungsstil* als der einer demokratischen Gesellschaft gemäße, also eine Art der Leitung, welche die Mitarbeiterschaft an Entscheidungen beteiligt.

Es muss jedoch genauer betrachtet werden: In Bezug *worauf* ist dieser oder jener Führungsstil richtig? Welches sind a) die konkreten Anforderungen und b) die Bedürfnisse und Fähigkeiten der Mitarbeiter? Gerade Polizisten können hier sehr gut differenzieren: Sie wissen, dass in bestimmten Lagen keine langen Klärungsprozesse möglich sind, weil schnell gehandelt werden muss. In anderen Fällen hingegen ist eine gründliche Beratung das Mittel zum Erfolg. Es wäre absurd, eine Geiselbefreiung im gleichen Stil zu leiten wie eine Planungsrunde zur Einrichtung des neuen Polizeikommissariats. Daher hält man heute den „situativen" Führungsstil für geboten, der je nach Lage anders ausfällt.

Gleichzeitig müssen die Fähigkeiten der Mitarbeiterinnen und Mitarbeiter beachtet werden. Es hat keinen Sinn, Mitarbeiter an Entscheidungen zu beteiligen, denen sie gedanklich nicht gewachsen sind oder bei denen sie in einen Rollenkonflikt geraten würden. Umgekehrt wäre es schade, wenn die fachlichen Möglichkeiten von Mitarbeitern nicht genutzt würden, weil die Führung ohnehin immer alles besser weiß.

Dies alles sind noch keine moralischen, sondern fachliche Kriterien, die den bestmöglichen Erfolg versprechen. Aber sie sind mit moralischen Aspekten der Menschenführung verknüpft.

Mitarbeiterinnen und Mitarbeiter – sofern sie intrinsisch motiviert sind – wünschen sich eine erfolgreiche Polizeiarbeit und sind daher normalerweise mit einer situativen Führungsweise einverstanden: Sie wissen eine klare Ansage zu schätzen, wenn entschlossen gehandelt werden muss – aber es verletzt sie, wenn der Chef auch ein Mitarbeitergespräch von oben herab führt. Umgekehrt werden sie gerne um ihren Rat gefragt – aber sie erwarten von ihrem Vorgesetzten auch, dass er Verantwortung übernimmt und nicht herumlaviert. Kurz: Sie können unterscheiden zwischen dem Vorgehen, das in bestimmten Einsätzen notwendig ist, und der sonstigen, allgemeinen sozialen Kompetenz eines Vorgesetzten.

Unabhängig von der jeweiligen Lage gibt es jedoch einige Führungseigenschaften, die *immer* wichtig sind. Ich habe in etlichen Kursen Polizisten befragt, welche Arten von Führung sie als vorbildlich und welche sie als defizitär empfanden. Am häufigsten wurden, neben der fachlichen Kompetenz, Glaubwürdigkeit und Zuverlässigkeit genannt, sowie Punkte, die letztlich mit Respekt gegenüber den Mitarbeitern zu tun haben – wenn man so will: mit deren Würde. Vor allem geht es darum, die Mitarbeiter und Mitarbeiterinnen richtig wahrzunehmen. Dies Anliegen ist ein zentraler Aspekt auch der folgenden Überlegungen:

Verstehen wollen

Ein beträchtlicher Anteil von Führungsarbeit besteht darin, Probleme von und mit Mitarbeitern zu handhaben. Es kann sich um private Sorgen oder Unglücke handeln, um Konflikte zwischen Kollegen, um Konflikte zwischen dem Vorgesetzten und seinem Mitarbeiter, um dienstliche Über- oder Unterforderung, um körperliche oder seelische Krankheit, um eine kritikwürdige Einstellung zur Arbeit, um organisatorische Schwierigkeiten usw. Allein diese Aufzählung zeigt, wie anspruchsvoll die Aufgabe von Vorgesetzten ist – und dabei sind polizeifachliche Fragen noch gar nicht genannt.

Wenn die Problemstellungen unterschiedlich sind, muss auch der Umgang mit ihnen unterschiedlich ausfallen. Auch diesbezüglich ist also ein der Situation angemessenes Führen gefragt. Das bedeutet: Zunächst muss der Vorgesetzte *verstehen*, worum es im jeweiligen Fall wirklich geht, und das kann ein schwieriges Geschäft sein: Ist der Mitarbeiter ein Außenseiter in seiner Gruppe, weil er ein schwieriger Mensch ist, oder gibt es in der Gruppe Strukturen, die es ihm schwer machen, Fuß zu fassen? Ist der unpünktliche Kollege faul, oder bekommt er nur gerade sein Privatleben nicht in den Griff? Sind die Auffälligkeiten eines Mitarbeiters Anzeichen einer persönlichen Krise oder Ausdruck seines Charakters? Jeder Vorgesetzte könnte weitere Beispiele nennen. Und oft zeigen sich nicht so klare Alternativen, wie ich sie hier hier genannt habe, sondern Mischformen oder mehrere Ursachen zugleich.

Nur solches – oft mühsame – Verstehenwollen wird den betroffenen Mitarbeiterinnen und Mitarbeitern *gerecht*. Sie wollen so gesehen werden, dass sie sich darin wiedererkennen (Vorgesetzte übrigens auch).

Manchmal entwickeln sich fast aussichtslos erscheinende Fälle zum Guten, wenn Vorgesetzte und Mitarbeiter sich um solches Verstehen ernsthaft bemühen und gemeinsam nach einer Lösung suchen. Im günstigen Fall rufen Mitarbeiter dabei ihr bereits verschüttetes eigenes Potential wieder wach, statt sich defensiv abzuschotten.

Aber nicht alle Probleme können einvernehmlich gelöst werden. Manche Konflikte sind so verworren oder verhärtet, dass sie, wie der Gordische Knoten in der griechischen Sage, nur „mit dem Schwert" durchgehauen werden können. Doch das *Bemühen*, einen Mitarbeiter zu verstehen, der ein Problem hat oder macht (oder beides), sollte am Anfang stehen.

Mit Macht führen

Wer Macht ablehnt, darf nicht Polizist und auch nicht Vorgesetzter werden, denn beide Tätigkeiten verlangen die Ausübung von Macht. Unter Macht verstehe ich zunächst das, was im Lateinischen *potentia* heißt. Ich übersetze das am liebsten mit *Mächtigkeit* und meine damit die Kraft oder Fähigkeit, Dinge zu beeinflussen, etwas zu bewirken. Diese Fähigkeit braucht jeder Mensch, ja: jedes Lebewesen. Sie gehört zur Grundausstattung für das Überleben.[99] *Jede* Tätigkeit ist eine Überwindung von Hindernissen und verlangt insofern *Mächtigkeit*.

Die Mächtigkeit von Vorgesetzten erweist sich vor allem darin, das Potential ihrer Mitarbeiter zu erkennen, zu fördern, zu bündeln und zu nutzen. Im Idealfall gelingt das mit den Mitteln der Moderation. Aber auch Anweisungen, Beurteilungen, Versetzungen usf. gehören zu den Werkzeugen. Sobald sie benutzt werden, wird aus der Potentia das, was wir im engeren Sinne unter Macht verstehen, lateinisch *potestas*, nämlich Macht *über* jemanden, d.h. die Fähigkeit, einen abweichenden oder entgegenstehenden Willen zu überwinden, und zwar, in der Funktion eines Vorgesetzten, kraft seines Amtes.

Zwischen einer derart ausgeübten Macht und einer rein moderierenden Tätigkeit (auf der anderen Seite der Skala) liegen diverse Zwischenstufen der Beeinflussung, von denen die wünschenswerteste in der *Kraft von Argumenten* besteht. Wo Argumente überzeugen, wird der Gesprächspartner nicht überwunden, sondern gewonnen und insofern in seiner Autonomie am wenigsten eingeschränkt. Die Beeinflussung durch Argumente sollte als das moralisch erstrebenswerteste Ziel angesehen werden.

Dieses Ziel ist aber nicht immer erreichbar. Die Interessen können unvereinbar weit auseinander liegen, oder die Zeit reicht nicht für eine rechtzeitige Klärung, oder die beteiligten Instanzen sind zu komplex organisiert. Dann müssen Vorgesetzte auch ohne oder gegen den Willen der Betroffenen entscheiden. In diesem Fall liegt die moralisch nächstbeste Variante in der Herstellung von Transparenz.

Transparenz

Wir können eine unangenehme Entscheidung leichter akzeptieren, wenn sie uns erklärt wird, denn dies zeigt uns, dass wir als Subjekte mit einem eigenen Willen geachtet werden, auch wenn gegen uns entschieden wurde. Wir werden nicht einfach vor vollendete Tatsachen gestellt, sondern wenigstens insofern einbezogen, als wir die getroffene Entscheidung (oder worum immer es sich sonst handelt) nun gedanklich nachvollziehen können. Ein Vorgesetzter, der etwas erklärt, macht sich in der Sache kritisierbar, und das bringt die von der Entscheidung Betroffenen in gewisser Weise wieder auf Augenhöhe.

Arbeit macht am meisten Freude, wenn alle Beteiligten motiviert sind. Sie bringt dann auch die besten Ergebnisse. Daher beschäftigt sich eine Fülle von Ratgeberliteratur mit der Frage, wie Mitarbeiter am besten motiviert werden können. Reinhard Sprenger bemerkt dazu spöttisch: Führungskräfte denken viel darüber nach, wie sie ihre Mitarbeiter motivieren können. Es wäre jedoch schon viel gewonnen, wenn sie sie nicht dauernd demotivieren würden.[100]

Sprenger unterscheidet zwischen einer von außen – der Firma bzw. der Führungskraft – kommenden *Motivierung* und der inneren *Motivation* des Mitarbeiters. Er schlägt vor, Motivierung zu unterlassen und statt dessen die vorhandene Motivation zu fördern bzw. nicht zu behindern. Die meisten Anreiz- und Belohnungssysteme (Motivierung) seien auf lange Sicht kontraproduktiv, weil sie auf einem heimlichen Misstrauen beruhten und eine Art von Bestechung darstellten. Diese schade der ursprünglichen Motivation.

Die Hamburger Leitende Polizeidirektorin Kathrin Hennings meint, Vorgesetzte sollten bei ihren Mitarbeiterinnen und Mitarbeitern auf „Schatzsuche" gehen.[101] Nach ihrer Erfahrung werde auch bei sogenannten „schwachen" Mitarbeitern oft überraschendes Potential freigesetzt, wenn stärker auf deren Fähigkeiten statt auf deren Schwächen geschaut werde.

Im Idealfall kommen hier die instrumentelle und die moralische Ebene zur Deckung: Es sollte im Interesse jedes Arbeitgebers liegen, das Potential seiner Mitarbeiterschaft so zu nutzen, dass optimale Ergebnisse erzielt werden. Zugleich ist gegenseitige Achtung einer der zentralen Werte, die wir für den Umgang miteinander wünschen. Wenn die Beachtung dieses Wertes zu einem besseren Betriebsklima und damit einer höheren

Arbeitsleistung führt, kann das dem Arbeitgeber nur recht sein. Mitarbeiterinnen und Mitarbeiter haben allerdings ein Gespür dafür, ob die ihnen entgegengebrachte Aufmerksamkeit *tatsächlich* ihnen gilt, oder ob ihnen nur etwas vorgemacht wird, damit sie mehr leisten.

Führungspersönlichkeit

Eine entscheidende Rolle spielt in diesem Zusammenhang die Persönlichkeit der Vorgesetzten. Ich habe Polizeiführer kennengelernt, die in den schon lange zurückliegenden Jahren ihrer Ausbildung vermutlich nie etwas von modernen Managementmethoden und kaum etwas von Psychologie oder Empathie gehört hatten, die aber ein hohes Ansehen bei ihrer Truppe genossen, weil sie erstens ihr Handwerk verstanden und zweitens ganz einfach zuverlässig und ehrlich waren. Da machte es auch nichts, wenn sie in etwas altertümlicher Art autoritär waren, denn man kann in herablassender und unzugänglicher Weise autoritär sein – das mag niemand – und in eher väterlicher und zugewandter Weise, womit man nach meinem Eindruck beispielsweise in geschlossenen Einheiten durchaus eine gute, von den Mitarbeitern akzeptierte Rolle spielen kann.

Der Benediktinerpater Anselm Grün, ein gern gebuchter Referent auf Seminaren von Spitzenmanagern, legt diesen gerne Tugenden wie menschliche Reife, Gelassenheit, Nüchternheit und Gerechtigkeit ans Herz. Am wichtigsten aber sei, dass die Führungskraft die Schule der Selbsterkenntnis durchlaufe: „Wer führen will, muss sich selbst führen können. Er soll mit seinen Gedanken und Gefühlen, mit seinen Bedürfnissen und Leidenschaften zurecht kommen. ... Wenn eine Führungspersönlichkeit zwar die Instrumente der Organisation und Kontrolle beherrscht, aber persönlich unausgeglichen und unbeherrscht ist, kann sie in ihrem Unternehmen zwar kurzfristig Kosten einsparen, aber auf Dauer wird sie das Unternehmen mit ihrer Unreife infizieren und die Motivation der Mitarbeiter bremsen."[102]

Die Dosis macht das Gift

Macht hat eine Außen- und eine Innenseite. Mit der Außenseite meine ich die Wirkung auf andere. Sie kann nützlich oder verheerend sein – und alles, was es dazwischen gibt. Wie jemand mit Macht umgeht, ob als Leiter einer Dienststelle oder gegenüber dem Bürger, hängt in hohem Maße von seinen moralischen Überzeugungen ab, davon, wie er andere Menschen behandeln möchte. Unter diesem Blickwinkel habe ich die bisherigen Überlegungen angestellt.

Die Innenseite ist aber genauso interessant: Wie wirkt sich Macht auf denjenigen aus, der sie *hat*?

Zunächst einmal: Führen macht nicht nur Spaß. Man trägt mehr Verantwortung, muss sich mit zusätzlichen Problemen auseinandersetzen, hat unangenehme Entscheidungen zu treffen und bekommt nicht selten Druck von oben und Kritik von unten.

Trotzdem streben – zum Glück – Menschen Führungspositionen an. Es ist befriedigend, einen größeren Wirkungskreis zu haben, besondere Fähigkeiten einbringen zu können, Aufmerksamkeit und Anerkennung zu bekommen, sich durch den Aufstieg selbst bestätigen zu können und nicht zuletzt: mehr Geld zu verdienen. Hier verbinden sich persönliche Vorteile (mehr Geld, Anerkennung) und sozialer Nutzen (Fähigkeiten, die der Organisation dienen).

Aber Chancen und Gefahren liegen eng beieinander: Oben habe ich von Macht als Potentia gesprochen, als Fähigkeit, sich im Lebenskampf zu behaupten, als positive natürliche Kraft. Sie stillt, wenn sie zum Zuge kommt, zugleich das Bedürfnis nach Anerkennung. Nicht umsonst streben gerade solche Menschen nach viel Macht, die ein großes Verlangen haben, gesehen und bewundert zu werden (vgl. Seite 109).

Und schließlich ist Macht wichtig zur Regelung gesellschaftlicher Prozesse. Deshalb zollen wir Menschen besondere Anerkennung, die bereit sind, Verantwortung, und das heißt: Machtpositionen einzunehmen, wenn sie dies in gemeinschaftsdienlicher Weise tun.

Dies alles sind *gute* Gründe für Macht – und zugleich die Ursache für Gefahren. Sie bewirken nämlich, dass Macht nicht nur nützlich und gut sein kann, sondern sich auch *gut anfühlt*. Das hilft, Macht ausüben zu *wollen*. Vorgesetzte, die keine Macht ausüben wollen, nützen der Gemeinschaft nicht. Führen kann nur, wer auch führen *will*.

Aber was sich gut anfühlt, kann auch süchtig machen. Man kann sich an Macht berauschen, von ihr abhängig werden, sie bei jeder Gelegenheit vorführen müssen. Dann dient sie nicht der gemeinsamen Sache, sondern der eigenen Erhöhung – vielleicht sogar, indem andere, Konkurrenten oder Untergebene, missachtet oder erniedrigt werden.

Das ist nicht nur eine Belastung für die Mitarbeiterschaft, sondern besitzt zugleich etwas Illusionäres: Jeder Vorgesetzte hat noch jemanden über sich, und selbst ein Polizeipräsident kann von heute auf morgen ausgewechselt werden.

Für den Wunsch oder die Bereitschaft, Macht auszuüben, können wir uns also wieder auf Aristoteles berufen: Es kommt auf das rechte Maß an. Die Dosis macht das Gift. Jedes Gute wird zum Schlechten, wenn es maßlos wird. So auch die Macht. Maßvoll und zugleich beherzt ausgeübte Macht dient hingegen allen.

Für den christlichen Glauben steht menschliche Macht noch in einem anderen Horizont: Verglichen mit der Herrlichkeit Gottes sieht alle irdische Macht blass aus. Sie ist für einen gläubigen Menschen eher eine Leihgabe als ein Besitz. Trotzdem gab es selbst unter den Jüngern Jesu Streit um Machtpositionen, die sie sich für die Zukunft erhofften. Jesus wies sie mit der Aufforderung zurecht, wer der Erste unter ihnen sein wolle, solle lernen, der Diener aller zu sein.[103] Auf unser Thema bezogen übersetze ich das so: Macht ist nichts Schlechtes, aber sie soll der Gemeinschaft und der guten Sache dienen.

Polizei und Staat

Wieviel Staat brauchen wir?

Dass wir in einem Staat leben, ist den meisten Menschen so selbstverständlich wie die Luft zum Atmen. Dies gilt vermutlich auch für die jungen Leute, die den Polizeiberuf ergreifen. Doch spätestens, wenn sie als Bereitschaftspolizisten bei einer Demonstration den „Schwarzen Block" begleiten, bekommen sie es mit Menschen zu tun, die jede staatliche Ordnung ablehnen. Manche von ihnen hassen die Staatsmacht so sehr, dass sie sich berechtigt fühlen, das Leben von Polizeibeamtinnen und -beamten, den „Bullenschweinen", durch Brandsätze, Steinwürfe u.ä. zu gefährden. Einige von ihnen (nicht alle) vertreten als Gegenkonzept die Anarchie, worunter sie nicht Chaos verstehen, sondern Herrschaftsfreiheit (griechisch *a = ohne; archia = Herrschaft*). Auf einer anarchistischen Web-Seite heißt es: „Sei es der Kapitalismus, die Herrschaft, der Staat, das Militär, die Religion, der Nationalismus, Rassismus und Sexismus – dies alles hindert uns an einem selbstbestimmten und würdevollen Leben."[104]

Nun macht die offensichtliche Gewaltverliebtheit, welche der Schwarze Block an den Tag legt, nicht gerade neugierig darauf, anarchistische Vorstellungen näher kennenzulernen. Dennoch möchte ich die Frage aufnehmen, ob nicht auch eine Gesellschaft ohne Herrschaft denkbar sei. Zwar glaubt dies nur eine verschwindend kleine Zahl von Menschen. Aber Spurenelemente dieser Überzeugung – nach meinem Eindruck nicht immer zu Ende gedacht – finden sich auch anderswo. Es scheint mir daher sinnvoll, dieser Frage einige Aufmerksamkeit zu schenken. Ließe sie sich positiv beanworten, würde das die moralische Legitimation polizeilicher Arbeit grundsätzlich erschüttern. Ich beginne wieder mit einem kleinen historischen Exkurs:

Der Traum vom freien Leben

Sehnsuchtsbilder, Mythen und Utopien von einem friedlichen Zusammenleben ohne Gewalt und Herrschaft gibt es seit Jahrtausenden. So schilderte der antike Dichter Hesiod (8.-7. Jhdt. v. Chr.) in seinem Epos *Werke und Tage* ein urzeitliches Goldenes Geschlecht ohne Machtkämpfe, Kriege und Verbrechen, das natürlich auch keinen Staat brauchte. Die biblische Erzählung vom Paradies trägt ähnliche Züge. Andere Verse besingen eine kommende Zeit, in der, wie es ein Psalm poetisch ausdrückt, „Güte und Treue einander begegnen, Gerechtigkeit und Friede sich küssen".[105]

Solche Texte zeigen, dass nicht nur „Chaoten" die Selbstverständlichkeit infrage stellen, mit der wir eine staatliche Ordnung für nötig erklären. Vielmehr gibt es auf einer tieferen Schicht der menschlichen Seele ein Unbehagen bezüglich der Gewaltsamkeit, die zum Wesen jeder staatlichen Ordnung gehört. Ihm stehen Hoffnungsbilder einer davon gänzlich freien Welt gegenüber.

Im 19. Jahrhundert wurden diese Utopien durch die industrielle Revolution und die damit verbundenen sozialen Umbrüche in neuer Gestalt wiederbelebt. Der russische Revolutionär Michail Bakunin (1814-1876) erhoffte sich von einer gewaltsamen Zerschlagung der bestehenden gesellschaftlichen Strukturen eine Zeit ohne jede Herrschaft. Mit großem humanistischen Pathos schrieb er: Vor uns liegt „unsere Menschlichkeit und das menschliche Licht, das einzige, das uns erwärmen und erleuchten kann, das einzige, das uns befreien, uns würdig, frei, glücklich machen und die Brüderlichkeit unter uns verwirklichen kann". Wir „weisen alle privilegierte, patentierte, offizielle und legale Gesetzgebung, Autorität und Beeinflussung zurück, selbst wenn sie aus dem allgemeinen Stimmrecht hervorgegangen sind, in der Überzeugung, dass sie immer nur zum Nutzen einer herrschenden und ausbeutenden Minderheit gegen die Interessen der ungeheuer geknechten Mehrheit sich wenden können. In diesem Sinne sind wir wirklich Anarchisten."[106]

Die kommunistische Utopie von Karl Marx (1818-1883) lief auf etwas Ähnliches hinaus. Marx hielt jedoch Bakunins anarchische Strategie für illusionär (womit er Recht hatte).[107] Er befürwortete statt dessen eine vorübergehende Diktatur des Proletariats, also das genaue Gegenteil von Anarchie. Erst danach werde der Staat absterben. Darin erkannte Bakunin wiederum den Keim für eine mörderische Gewaltherrschaft (womit er ebenfalls Recht behalten sollte).

Andere Vertreter des Anarchismus setzten (und setzen auch heute) nicht auf Gewalt. Der Franzose Pierre Joseph Proudhon (1809-1865), dessen berühmtester Satz lautet: „Eigentum ist Diebstahl",[108] wollte eine gewalt*freie* Revolution. Und der russische Dichter Leo Tolstoj (1828-1910) berief sich für seinen radikal-pazifistischen Anarchismus auf die Bergpredigt Jesu.

Das Menschenbild

Mir geht es nun um die Frage: Ist eine Gesellschaft ohne Staat realistischerweise vorstellbar? Dies berührt die Frage nach unserem Menschenbild. Das Problem lässt sich gut an den Philosophen Thomas Hobbes (1588-1679) und Jean-Jacques Rousseau (1712-1778) darstellen. Beide erklärten die Entstehung des Staates mit einem *Gesellschaftsvertrag*. Das darf man sich nicht so vorstellen, als seien beide der Auffassung gewesen, dass sich zu irgendeinem Zeitpunkt die Menschheit zusammengesetzt und einen Vertrag über die Art ihres Zusammenlebens geschlossen habe. Sie meinten vielmehr die innere Logik der bestehenden Verhältnisse, auf die sich die Menschen aus guten Gründen eingelassen hätten. Rousseau und Hobbes gingen allerdings von verschiedenen Menschenbildern aus und kamen daher zu verschiedenen Ergebnissen.

Thomas Hobbes (ca. 1670)
von J.M. Wright (Ausschnitt)
© National Portrait Gallery

Thomas Hobbes war vermutlich davon geprägt, dass er in Bürgerkriegszeiten lebte, in denen sich Menschen bekanntlich von ihrer schlechtesten Seite zeigen. Er meinte, dass Menschen nur auf ihren eigenen Vorteil bedacht seien und im Naturzustand übereinander herfallen würden. Der Mensch sei für den Menschen ein Wolf („homo homini lupus"). Um die Furcht vor seinesgleichen zu bannen, habe er in einer Art Gesellschaftsvertrag den Staat geschaffen. Dieser sorge durch ein strenges Regiment für ein Mindestmaß an Sicherheit.[109]

Auch der französische Philosoph Rousseau konstatierte: „Die Menschen sind schlecht; eine traurige und fortwährende Erfahrung erspart den Beweis."[110] Dabei sei der Mensch von Natur aus gut. Aber die Zivilisation habe mit dem Privateigentum eine Ungleichheit erzeugt, die aus einst freien und gutmütigen Menschen unglückliche und gewalttätige Wesen gemacht habe. Deshalb könnten sie nun ohne staatliche Bevormundung nicht mehr leben. „Der erste, der ein Stück Land mit einem Zaun umgab und auf den Gedanken kam zu sagen »Dies gehört mir« und der Leute fand, die einfältig genug waren, ihm zu glauben, war der eigentliche Begründer der bürgerlichen Gesellschaft. Wie viele Verbrechen, Kriege, Morde, wieviel Elend und Schrecken wären dem Menschengeschlecht erspart geblieben, wenn jemand die Pfähle ausgerissen und seinen Mitmenschen zugerufen hätte: »Hütet euch, dem Betrüger Glauben zu schenken; ihr seid verloren, wenn ihr vergesst, dass zwar die Früchte allen, aber die Erde niemandem gehört.«"[111] Durch das Eigentum sei eine immer größere Ungleichheit unter den Menschen entstanden und habe Gier, Eifersucht, Künstlichkeit, Heuchelei, Raub, Krieg und viele andere Übel hervorgebracht.

Jean-J. Rousseau (1753)
von Maurice Q. de La Tour
Wikimedia Commons

Ein eher positives Menschenbild vertreten in unserer Zeit unter anderen der Psychoanalytiker Erich Fromm (1900-1980) und aktuell der Neurobiologe Joachim Bauer. Sie legen überzeugend dar, dass destruktive Aggressionen häufig Zerrformen von eigentlich gesunden, lebensdienlichen Impulsen sind.[112]

Auch wenn man diesen Befunden folgt, bleibt das Problem, dass die menschliche Psyche höchst anfällig ist. Ich sehe den Menschen als ein widersprüchliches und labiles Wesen, weder nur gut, noch eigentlich schlecht, weder rein egoistisch, noch nur kooperativ. Wir brauchen einander, arbeiten zusammen, können lieben und füreinander einstehen, aber wir konkurrieren auch um die Güter des Lebens, um den freien Platz im Bus ebenso wie um Einfluss und Anerkennung. Auf Kränkungen reagieren wir mit dem Wunsch nach Vergeltung, und ein verwahrloses Elternhaus kann unsere Empathiefähigkeit zerstören. Wir verdrängen moralische Bedenken, wenn die Vorteile groß genug sind, und schon aus vergleichsweise geringem Anlass sind erstaunlich viele Menschen zu entsetzlichen Taten fähig.[113]

Ein tragfähiges Gesellschaftsmodell muss beide Seiten im Blick haben und darauf angelegt sein, die positiven Seiten des Menschen zu fördern und die negativen zu zähmen.

Zusammenhalt braucht Macht

Vom Menschenbild abgesehen: Komplexe Gesellschaften können nur mithilfe gewisser Direktionsrechte organisiert werden. An den Knotenpunkten der gesellschaftlichen Interaktion müssen Entscheidungs- und Weisungsbefugnisse (auf Zeit, begrenzt und kontrolliert) verliehen und Vereinbarungen durchgesetzt werden, um die Gesamtheit aller Prozesse am Laufen zu halten. Schon in kleinen Gemeinschaften gelingt es nicht, Beschlüsse stets im Konsens herbeizuführen, in größeren Strukturen wäre es völlig unmöglich.

Hinzu kommt, dass jede erst einmal gegebene Ungleichheit, ob sie in materiellen Vorteilen besteht oder in unterschiedlich großer Macht, zu noch größerer Ungleichheit verführt. Kaum jemand gibt Privilegien gerne auf. Dieses anthropologische Problem prägt auch den Kapitalismus. Schon Marx hat das gesehen und deshalb eine wirklich freie Gesellschaft erst mit einer entfesselten Güterproduktion für möglich gehalten, die jedem Menschen alles zur Verfügung stellt, was er wünscht.[114] Damit würden Verteilungskämpfe und die Anhäufung von Herrschaft überflüssig. Dass er einen solchen Zustand für erreichbar hielt, gehört zu Marxens größten Irrtümern. Das Ringen um eine halbwegs gerechte Gesellschaft wird vermutlich nie aufhören.

Wie dabei Partikularinteressen eingedämmt werden sollen, ohne Macht auszuüben, ist mir schleierhaft.[115]

Nicht zu viel
und nicht zu wenig Staat

Nun weisen Kritiker des Staates mit Recht darauf hin, dass sich auch in einer wohlgeordneten Gesellschaft Partikularinteressen fortwährend des Staates zu bedienen versuchen.

Römische Münze
mit Januskopf / © Livius.org

Meine Antwort lautet: Ohne Staat geht es nicht (was wir übrigens auch an den „Failed States", den gescheiterten, zusammengebrochenen Staaten Afrikas und des Nahen Ostens sehen, in denen Banden und Milizen um die Vorherrschaft kämpfen), aber naiv einfach nur nach „dem Staat" zu rufen, kann auch nicht die Antwort sein, schon gar nicht, wenn man sich vor Augen hält, zu welch fürchterlichen Monstren sich Staaten entwickeln können.

Ich nenne das den Januskopf des Staates. Wie der römische Gott Janus[116] hat selbst der demokratische Staat zwei Gesichter: Indem er Herrschaft ausübt, beeinträchtigt er die Freiheit seiner Bürgerinnen und Bürger. Aber er sorgt für geregelte Abläufe, eine funktionierende Infrastruktur, soziale Leistungen und Schutz vor individueller Gewalt. Das neuzeitliche staatliche Gewaltmonopol hat ein Maß an Sicherheit geschaffen, um das uns die Menschen des Mittelalters mit all seinen Fehden und Raubüberfällen beneiden würden.[117]

Zwar werden auch manche Partikularinteressen mithilfe des Staates durchgedrückt, was bei benachteiligten Gruppen ein Gefühl der Ohnmacht oder Wut erzeugt. Aber eine ungeregelte Auseinandersetzung zwischen diesen Interessen auf offenem Schlachtfeld kann sich auch niemand wünschen.

Utopien

Ich rechne anarchistische Vorstellungen unter die gesellschaftlichen Utopien, was bedeutet, dass ich einen Nutzen und eine Gefahr in ihnen sehe.

Das Wort *Utopie* (griechisch *ou* = *kein, topos* = *Ort*) besagt, dass etwas – noch? – keinen Ort in der Realität hat. Es bezeichnet eine Hoffnung, Sehnsucht oder Phantasie, die alle gegenwärtigen Erfahrungen übersteigt. Man kann sie daher als unrealistische Phantasterei abtun – oder als wichtigen Impuls zur Veränderung der Realität.

Wären Utopien nichts weiter als nutzlose Hirngespinste, würden sie nicht immer wieder im Lauf der Geschichte auftauchen. Sie sind Ausdruck dessen, dass sich menschliches Denken nie mit bloßen Tatsachen zufrieden gibt, sondern darüber hinausdrängt. Sehr deutlich zeigt sich das im Erfindergeist: Vor 200 Jahren hätte nahezu jedermann die Vorstellung für verrückt erklärt, dass Menschen einmal zum Mond fliegen oder weltweit, innerhalb von Sekunden Texte und Bilder austauschen könnten. Ersteres ist aber längst geschehen und Letzteres für uns Alltag.

Ganz so sieht es mit der Realisierung von gesellschaftlichen Utopien nicht aus, aber immerhin war es über viele Jahrhunderte nahezu undenkbar, dass sich die Menschen eines Tages ihre Regierung selber wählen würden. Insofern hat auch unsere Demokratie – im Vergleich zu früher – etwas Utopisches.

Die Tatsache, dass eine Idee alle Vorstellungen sprengt, heißt also nicht zwingend, dass sie falsch sein muss. Allerdings: Man kann zwar ihre Richtigkeit nicht beweisen, ihre Falschheit aber auch nicht. Utopien *können* sich eines Tages – zumindest teilweise – bewahrheiten, sie können aber auch reines Wunschdenken sein, in welchem unüberwindliche reale Schwierigkeiten ausgeblendet werden. Wenn es sich dabei um politische Utopien handelt, drohen sie, in terroristische Gewaltherrschaft umzuschlagen, denn dann muss die widerspenstige Realität zu ihrem Glück gezwungen werden. Das war bei der kommunistischen Idee so, aber auch bei Versuchen, das Reich Gottes auf Erden zu errichten, wie zum Beispiel in den 1530er Jahren durch die Sekte der Täufer in Münster oder heute – ungleich brutaler – bei den religiös begründeten Weltherrschafts-Phantasien des sogenannten Islamischen Staates. In all diesen Fällen verwandelt sich der Traum von einem friedlichen, freiheitlichen Leben in einen Alptraum.

Was ergibt sich aus diesem unklaren Befund? Meine Antwort mag paradox klingen: Ich plädiere dafür, auch unrealistischen Vorstellungen ein gewisses Recht im Denken einzuräumen – und gleichzeitig nüchtern zu bleiben. Eine Bitte des Vaterunsers lautet: „Dein Reich komme". Sie drückt die Hoffnung auf eine noch unvorstellbare, „utopische" Wirklichkeit aus, in der dann auch kein Mensch mehr über einen anderen herrscht. Zugleich aber wissen Christen, dass sie sich vorderhand damit begnügen müssen, durch ihr eigenes Eintreten für Gerechtigkeit, Geschwisterlichkeit und Frieden etwas von dieser ersehnten Welt sichtbar zu machen.

Der Staat gehört in dieser Betrachtungsweise zu den „vorletzten Dingen", das bedeutet: Er hat keine ewige, göttliche Qualität, und deshalb ist jeder Kaiser- oder Führerkult, aber auch die Verabsolutierung jeder anderen Gesellschaftsform ein

Unding. Viele der ersten Christen haben für diese Überzeugung mit dem Leben bezahlt, weil sie die göttliche Verehrung des Kaisers verweigerten. Erst nachdem Konstantin d. Gr. im Jahre 313 das Christentum zur bevorzugten Religion erklärt hatte, wuchsen Staat und Kirche immer enger zusammen, verschmolzen teilweise und verliehen dem Staat gleichsam göttliche Weihen. Für Paulus und Luther war die *Obrigkeit* jedoch nur eine Art gottgegebener Notbehelf, deren Aufgabe es sei, das Böse zu bekämpfen.[118]

Maßvolle Herrschaft

Moderne demokratische Verfassungen blicken skeptisch auf die Herrschaft von Menschen über Menschen. Sie betrachten die Macht des Staates als unvermeidlich, stellen sie jedoch unter strenge Vorbehalte. Sie soll als Herrschaft des Volkes (griechisch *demos* = *Volk; kratia* = *Herrschaft*) über sich selbst organisiert sein. Der Staat soll sie im *Dienste* des Volkes ausüben. Wie wir wissen, weicht die Wirklichkeit von diesem Ideal ab. Nicht alle Gruppen der Gesellschaft haben gleich großen Einfluss auf den Staat. Umso wichtiger ist, dass die benachteiligten Schichten der Bevölkerung für ihre Ansprüche und Rechte kämpfen und dass genügend viele Menschen für die Belange derer eintreten, die überhaupt keine Stimme haben, nämlich die Tiere, die Umwelt und unsere Nachkommen.

Es kommt darauf an, in *welchem* Staat und in *welcher* Gesellschaft wir leben: Wie demokratisch, freiheitlich und gerecht sind sie? Ethisch bedeutet dies – und wird im Diensteid ja auch so ähnlich formuliert: Polizistinnen und Polizisten dienen nicht *dem* Staat, sondern *diesem* zwar unvollkommenen, aber doch freiheitlichen Rechtsstaat des Grundgesetzes.

Loyalität

Viele Polizisten haben zum Staat ein zwiespältiges Verhältnis: Einerseits sind sie Teil der Staatsmacht und dieser auch innerlich verbunden, denn der Einsatz für die öffentliche Sicherheit ist Bestandteil ihres beruflichen *und* persönlichen Ethos. Der Staat wiederum gewährt ihnen die Privilegien des Beamtentums.

Andererseits zieht der Staat als Arbeitgeber auch Unzufriedenheit auf sich. Das betrifft interne Vorgänge, aber manchmal auch die staatlich vorgegebene Ausrichtung der polizeilichen Arbeit, den Umgang der Justiz mit Straftätern usw.

Trotzdem hält sich die Polizei selbstverständlich an politische Vorgaben, solange sich diese im Rahmen des geltenden Rechts bewegen. Es gehört zu den Pflichten des Beamtentums, demokratisch zustande gekommene Entscheidungen zu respektieren und durchzusetzen, selbst wenn sie dem einzelnen Polizisten nicht gefallen. Das bedeutet nicht mehr und nicht weniger, als dass ein demokratisch gewähltes Parlament und seine Regierung sich auf die Ausführung ihrer Beschlüsse verlassen können.

Wenn sich die politischen Verhältnisse zuspitzen, kann allerdings die Lage eintreten, dass Gesetze zwar noch nicht offen verletzt werden, aber das Gewissen der Beamten bereits strapaziert wird. In diesem Fall können Polizisten versuchen, angeordnete Maßnahmen durch Remonstration und im Ausnahmefall durch Befehlsverweigerung (ich habe das einmal mit verfolgt) infrage zu stellen oder durch ihr persönliches Verhalten wenigstens abzumildern. Der Spielraum hierfür ist allerdings gering. Unter einer autoritären Regierung würde im höheren Dienst bereits eine kritische Rückfrage zu einer Versetzung führen.

Im Extremfall, wenn unsere Demokratie sich auf demokratische Weise selbst abschaffen würde, wie das 1933 schon einmal geschehen ist, müssten Polizisten, die sich dem Grundgesetz verpflichtet fühlen, eigentlich den Dienst quittieren. Aber wer hätte die Kraft dazu und könnte das mit der wirtschaftlichen Verantwortung gegenüber seiner Familie vereinbaren? Oder er müsste innerhalb des Dienstes die politischen Vorgaben zu unterlaufen versuchen. Ein solches Beispiel aus seinem eigenen Leben hat der Journalist und Buchautor Ralph Giordano in einem Vortrag vor Hamburger Polizisten geschildert. Giordano war der Sohn eines italienischen Vaters und einer deutschen jüdischen Mutter. Er und sein Bruder wurden 1944 der „Rassenschande" bezichtigt. Die Gestapo beauftragte einen Gendarmerie-Wachtmeister aus dem Nachbarort, dem nachzugehen. Mit unbewegter Miene führte er zwei Wochen lang seine Untersuchungen durch. Nur seine Augen, so Giordano, verrieten, wem seine Sympathie gehörte. Sein Bericht entlastete denn auch die Beschuldigten. „Das Leben meiner Familie, der Eltern, Brüder und meines, haben wir einem deutschen Polizisten zu verdanken", sagte Giordano auch 45 Jahre nach diesem Ereignis noch sichtlich bewegt. [119]

Es mag verwunderlich wirken, dass ich solche extremen Möglichkeiten durchspiele. Aber mich hat immer die Frage interessiert, ob ich mich selbst wohl in solchen Situationen bewähren würde. Vielleicht liegt das an meinem Gefühl, dass in Krisen Dinge zum Vorschein kommen, die in ruhigeren Zeiten völlig unrealistisch scheinen, untergründig jedoch als Möglichkeit stets vorhanden sind. Am Tag, an dem ich dies schreibe,[120] hat ein vulgärer, selbstverliebter und rücksichtsloser Mann die amerikanischen Präsidentschaftswahlen gewonnen, dem das bis gestern abend kaum jemand zugetraut hätte. Was die politischen Folgen sein werden, ist noch nicht absehbar. Aber es lassen sich beunruhigende Szenarien denken.[121] Ähnliche Entwicklungen sind derzeit weltweit im Gange: in der Türkei, in Russland, in Osteuropa, vielleicht bald in Frankreich. Wie würde ich mich als Polizist fühlen, wenn so etwas in Deutschland passieren würde?

Der Diensteid

Wie alle Beamten müssen Polizisten einen Diensteid ablegen. Sie verpflichten sich in einer feierlichen Zeremonie nicht etwa zur Befolgung einzelner Gesetze, sondern zu einer *inneren Haltung* ihren Pflichten und den Gesetzen gegenüber. So heißt es im Diensteid des Landes Niedersachsen:

> *„Ich schwöre, das Grundgesetz für die Bundesrepublik Deutschland, die niedersächsische Verfassung und die in der Bundesrepublik Deutschland geltenden Gesetze zu wahren und meine Amtspflichten gewissenhaft zu erfüllen, so wahr mir Gott helfe."*

Hier wird die Tugend der *Gewissenhaftigkeit* beschworen. In anderen Amtseiden kommen weitere moralische Werte vor. So verspricht die Bundeskanzlerin *Gerechtigkeit gegen jedermann.* Bei Richtern tritt der Dienst an der *Wahrheit* hinzu, die Mitglieder der bayerischen Staatsregierung geloben *Treue* der Verfassung und *Gehorsam* den Gesetzen gegenüber.[122]

Der Beamte soll also nicht nur Dienst nach Vorschrift machen, sondern seinen Pflichten aus innerer Überzeugung nachkommen.[123] Von einem Lohnarbeiter würde man das Gleiche nicht verlangen.[124] Für seine Hingabe verspricht der Staat dem Beamten eine besondere Fürsorge. Es handelt sich also um ein wechselseitiges Treueverhältnis mit weitreichenden Versprechen. Dies wird mit der Vereidigung besiegelt, einer würdevollen Zeremonie, wie wir sie ähnlich von bedeutsamen Entscheidungen in anderen Lebensbereichen kennen. Man denke an eine kirchliche Trauung oder die feierliche Unterzeichnung eines internationalen Vertrages.

Der Diensteid ist ein *promissorischer Eid*, d.h. er verspricht etwas für die Zukunft, im Unterschied zu einem *assertorischen Eid* etwa vor Gericht, der die Wahrheit einer Aussage bekräftigt.

Der Eid hat eine religiöse Wurzel. Das erkennt man bereits an der erhobenen Schwurhand, die zum Himmel zeigt. Bei manchen Eiden (nicht beim Diensteid) liegt die andere Hand außerdem noch auf der Bibel. Gott wird zum Zeugen des Versprechens angerufen, denn niemand außer ihm kann erkennen, ob der Eid wirklich ernst gemeint ist.[125] Altertümliche Eidesformulierungen wie „bei meiner Seele" lassen sogar anklingen, dass Gott die Nichteinhaltung des Eides bestrafen solle. Ausgesprochen oder unausgesprochen schwingt im Eid die Selbstverfluchung für den Fall der Übertretung mit. Es ist kein Zufall, dass das alemannische *schwera* sowohl *beeiden* als auch *fluchen* heißt. Der abschließende Satz „... so wahr mir Gott helfe", bittet Gott um Hilfe bei der Erfüllung des Versprechens.

Da nicht mehr alle zu Vereidigenden religiös sind, wird ihnen freigestellt, ob sie den Gottesbezug mitsprechen wollen. Die meisten, so meine Beobachtung, tun es. Aber auch ohne diese Schluss-Beteuerung bleibt der Eid angesichts der zahlreichen Zeugen eine gewichtige Selbstverpflichtung. Öfter habe ich von Polizistinnen und Polizisten, wenn ich mit ihnen darüber gesprochen habe, in welche Lebensgefahr ihr Dienst sie bringen könne, gehört: „Dazu muss ich bereit sein, das habe ich geschworen." Der Einsatz des eigenen Lebens gehört für sie zur gewissenhaften Erfüllung ihrer Amtspflichten.

Der Diensteid verpflichtet auf die Wahrung der Gesetze, insbesondere des Grundgesetzes, dessen wichtigstes Gebot die Achtung der Menschenwürde ist. Er bindet nicht an eine bestimmte Regierung oder gar eine bestimmte Person, wie das in der NS-Zeit der Fall war. Damals lautete der Eid:

> *„Ich schwöre: Ich werde dem Führer des Deutschen Reiches und Volkes, Adolf Hitler, treu und gehorsam sein, die Gesetze beachten und meine Amtspflichten gewissenhaft erfüllen, so wahr mir Gott helfe.“*

Für Soldaten lautete der Eid noch strikter:

> *„Ich schwöre bei Gott diesen heiligen Eid, dass ich dem Führer des Deutschen Reiches und Volkes, Adolf Hitler, dem Oberbefehlshaber der Wehrmacht, unbedingten Gehorsam leisten und als tapferer Soldat bereit sein will, jederzeit für diesen Eid mein Leben einzusetzen.“*[126]

Diese Formulierung stürzte viele Mitglieder des Widerstandes in schwere Gewissenskonflikte, denn sie fühlten sich sogar dann noch an ihren Eid gebunden, als sie die verbrecherische Natur des Nazi-Regimes längst erkannt kannten. Aus dieser Zwickmühle konnte sie nur die Überlegung befreien, dass die Treueverpflichtung auf ein verbrecherisches Regime, schon gar, wenn sie mit Berufung auf Gott geschieht, dem moralischen Kern des Eides so sehr widerspricht, dass es diesen unwirksam macht.

Beamte, die auf das Grundgesetz verpflichtet werden, können in *diese* innere Not nicht geraten, denn sie haben mit dem Artikel 1 eine moralische Bezugsgröße, welche ihnen geradezu verbietet, an verbrecherischen Handlungen des Staates teilzunehmen.

Es wird manchen verblüffen: Trotz seines religiösen Ursprunges lehnen einige christliche Gruppierungen den Eid ab. Sie beziehen sich auf folgendes Wort Jesu: „Ich aber sage euch, dass ihr überhaupt nicht schwören sollt, weder beim Himmel, denn er ist Gottes Stuhl, noch bei der Erde, denn sie ist seiner Füße Schemel ... Auch sollst du nicht bei deinem Haupt schwören, denn du vermagst nicht ein einziges Haar schwarz oder weiß zu machen. Eure Rede aber sei: Ja, ja; nein, nein. Was darüber ist, das ist vom Bösen."[127]

Wer diese Weisung wörtlich befolgt, muss jeden Eid – selbst als Zeuge vor Gericht – verweigern. Ich denke jedoch, dass Jesus hier etwas völlig anderes als das im Diensteid Gemeinte vor Augen hat: Er wendet sich gegen eine leichtfertige oder missbräuchliche Verwendung des Eides. Vor allem aber fordert er uns auf, stets so wahrhaftig zu sein, dass ein schlichtes Ja oder Nein dieselbe Glaubwürdigkeit besitzt wie ein Eid. Es geht ihm also um eine hohe *Alltagsmoral*. Auch Christen dürfen daher nach meiner Meinung einen Eid ablegen, wenn er nicht dazu dient, einen leichtfertigen Umgang mit der Wahrheit zu kaschieren, sondern dem Eid*nehmer* zuliebe gegeben wird, der das für die Glaubwürdigkeit des gegebenen Versprechens wünscht. In ihrem Alltag sollen Christen jedoch ohne große Worte auskommen und einfach ehrlich sein.

Versuchungen

„Die Staatsanwaltschaft ermittelt gegen 33 Mitarbeiter der Polizei Hannover wegen des Verdachts der Vorteilsannahme. Polizei und Staatsanwaltschaft gaben am Donnerstag bekannt, dass es sich bei den Beschuldigten um Angestellte, Verwaltungs- und Vollzugsbeamte der Polizeidirektion Hannover sowie der Zentralen Polizeidi-

rektion handelt. Im Rahmen der Ermittlungen wurden am Donnerstag mehrere Dienst- und Privaträume durchsucht."
(NDR vom 27.2.2016)

Man kann sich vorstellen, welche Betroffenheit so eine Meldung erzeugt – in der Polizei genauso wie in der Bevölkerung, denn wo derlei vorkommt, wird es nicht nur als abweichendes Verhalten Einzelner wahrgenommen, sondern es ist geeignet, das Vertrauen in die ganze Institution, letztlich den Staat selbst, zu erschüttern.

Damit das nicht passiert, gibt es für staatliche Behörden strenge Regeln und interne Ermittlungsstellen, die Korruption verhindern und ahnden sollen. Darin drückt sich nicht ein besonderes Misstrauen gegenüber den Mitarbeiterinnen und Mitarbeitern aus, sondern ein Gewahrsein dessen, dass sie besonderen Gefahren ausgesetzt sind. Dies gilt besonders für Behörden, die mit der Vergabe von Bauaufträgen oder mit der Beschaffung von Dienstfahrzeugen, technischen Installationen usw. betraut sind, sowie für Dienststellen, die Genehmigungen erteilen – beispielsweise für das Tragen einer Waffe oder für den Aufenthalt in Deutschland. Auch Polizisten sind begehrte Objekte. Daher ist es hilfreich, wenn strikte Vorgaben die individuelle Widerstandskraft der einzelnen Beamten stützen.

Kleine Gefälligkeiten und Geschenke werden der Polizei oft angeboten. Manches davon geschieht aus reiner Dankbarkeit. Eine alte Dame erscheint mit einem Kuchen an der Wache, nachdem ihr vermisster Enkel von der Polizei gefunden und nach Hause gebracht worden ist. Oder der bürgernahe Beamte bekommt auf seinem Rundgang im Einkaufszentrum hier und da einen Kaffee angeboten. Wer wollte so etwas beargwöhnen?

Aber die Grenzen zur Vorteilsannahme sind fließend. Aus früheren Zeiten, von inzwischen pensionierten Polizeibeamten, kenne ich da wahre Schauergeschichten.

In einer kleinen Begebenheit habe ich selbst erlebt, wie harmlos solche Versuchungen an einen herantreten können: Nachdem ich in einem italienischen Restaurant des Bahnhofsviertels zu Mittag gegessen hatte, bat ich um die Rechnung. Der Wirt bot mir noch einen Kaffee „aufs Haus" an. So etwas machen Wirte manchmal, also nahm ich an. Als er anschließend jedoch fragte, ob ich noch einen Nachtisch wolle, kam mir die Sache komisch vor, und ich lehnte ab. Ich griff neben mich, um meiner Aktentasche den Geldbeutel zu entnehmen – und verstand plötzlich, wie es zu dieser besonderen Aufmerksamkeit gekommen war: Aus meiner Tasche lugte versehentlich mein Polizeiausweis hervor. Der Wirt hielt mich offenbar für einen Polizisten und wollte mir etwas Besonderes gönnen.

Angenommen, ich wäre wirklich Polizist gewesen: Wäre ich bei solcher Vorzugsbehandlung nicht öfter in dieses Restaurant gekommen? Hätte vielleicht die ganze Dienstgruppe dort gelegentlich ganz gerne mit *Polizistenrabatt* gespeist? Und wäre dieselbe Dienstgruppe nicht befangen gewesen, wenn in diesem Restaurant eine Razzia fällig gewesen wäre?

Wo derlei Vergünstigungen zur Gewohnheit werden, entstehen Beziehungen besonderer Art, in denen eine objektive und neutrale Bearbeitung von Vorkommnissen immer schwerer wird. Staaten, in denen die Korruption blüht, sind ein warnendes Beispiel dafür, wie sehr das die Fundamente eines Staatswesens untergraben kann. In Deutschland halte ich diese Gefahr für gering. Aber es ist wichtig, bereits kleinen Anfängen zu wehren.

Dabei sind die Gefälligkeiten und Vorteilsannahmen selber nicht das einzige Problem. Hinzu kommt, dass sie über kurz oder lang mit *Begleitkriminalität* und *Folgedelikten* einhergehen. Denn das eigentliche Ziel von Korruption liegt ja gerade darin, etwas Unrechtmäßiges tun oder vertuschen zu können, und daher kann ein zunächst relativ harmloses Vergehen immer weitere und größere Übertretungen und Straftaten nach sich ziehen, die zum Beispiel nötig werden, um den ersten Vorfall zu vertuschen.

Ein Polizist, der sich einmal auf eine „Kleinigkeit" eingelassen hat, macht sich abhängig und erpressbar. Ein kostenloser Bordellbesuch genügt, um sich künftig der Forderung nach Gegenleistungen nicht mehr entziehen zu können. Wenn man hört, dass eine bevorstehende Razzia verpfiffen oder polizeiinterne Ermittlungsdaten an die einschlägig Interessierten weitergegeben wurden, kann die Ursache in solchen Abhängigkeiten liegen.

Die organisierte Kriminalität sucht systematisch Gelegenheiten, Polizeibeamte zu vereinnahmen. So offenbarte ein ehemaliger Sympathisant der Hells Angels dem hessischen Landeskriminalamt, dass er Polizisten als Informanten anwerben sollte. Rocker spähten in Fitness-Studios oder Bars gezielt Beamte aus und spannten sie mittels Bestechung oder Erpressung für ihre Ziele ein. Mitunter, so ein ermittelnder Kriminalbeamter, kämen sich auch „bei Kraft- und Kampfsport Gang-Mitglieder und Polizeibeamte näher, die eine ähnliche Lebenseinstellung hätten, geprägt von einem draufgängerischen Abenteurertum und Korpsgeist. ... Da kommt es schon einmal zu falschen Freundschaften."[128]

Wer seinen Diensteid ernst nimmt, muss daher auch bei privaten Gelegenheiten aufpassen, nicht an falsche Freunde zu geraten. Denn wo immer Menschen einander Gefälligkeiten gewähren, fühlen sie sich einander verpflichtet. Auch das ist ein Aspekt der eingangs erwähnten Wechselseitigkeit von Beziehungen. Daher ist es wichtig, darauf zu achten, von wem man etwas annimmt. Von der Gefahr, erpressbar zu werden, ganz zu schweigen.

Rettungsfolter?

Vor 20 Jahren wäre es in Deutschland undenkbar gewesen, ernsthaft darüber zu diskutieren, ob es einen guten Grund geben könne, Menschen zu foltern. Folter kannte man von lateinamerikanischen oder kommunistischen Diktaturen, aus dem Mittelalter und aus der Geschichte des Dritten Reiches, aber für eine moderne Demokratie schien sie absolut unvorstellbar zu sein.

Dann erfolgte am 11. September 2001 der terroristische Angriff auf die Twin Towers in New York und als Reaktion der US-geführte Einmarsch in Afghanistan, 2003 dann die Eroberung des Iraks.

An mehreren Orten richteten die USA Gefangenenlager für mutmaßliche Terroristen ein. Am bekanntesten wurden der US-Stützpunkt *Guantanamo* auf Kuba und das ehemalige

Abu Ghraib 2004 / Wikimedia Commons

Foltergefängnis *Abu Ghraib* des irakischen Diktators Saddam Hussein. Schon bald erfuhr die Öffentlichkeit, dass in diesen Gefängnissen gefoltert wurde. Die amerikanische Regierung rechtfertigte „verschärfte Verhörmethoden" damit, dass nur so die zur Abwehr künftiger Terroranschläge nötigen Informationen zu erhalten seien. *Waterboarding*, bei dem Gefangene zu ersticken glauben, erklärte das amerikanische Justizministerium kurzerhand zu einer Vernehmungsmethode, die keine Folter darstelle. So wurde die Folter zu einer Angelegenheit, mit der sich plötzlich auch westliche Demokratien wieder auseinandersetzen mussten.

In Deutschland gewann das Thema durch den sogenannten *Fall Daschner*[129] zusätzliche Aktualität. Anfang Oktober 2002 hatte der stellvertretende Frankfurter Polizeipräsident Wolfgang Daschner dem festgenommenen Kindsmörder Magnus Gäfgen eine schmerzhafte Vernehmung androhen lassen, wenn dieser nicht den Aufenthaltsort des Kindes verraten würde. Zu diesem Zeitpunkt war noch nicht klar, dass der Junge bereits tot war. Dies führte später zu öffentlichen Diskussionen darüber, ob Daschner mit seiner Androhung das Folterverbot verletzt habe und wenn ja, ob Folter zur Abwehr einer Lebensgefahr erlaubt werden solle.

Die Frage rührt an ein ethisch besonders heikles Problem und an den Kern unserer Verfassung. Daher will ich sie ausführlicher in ihren geschichtlichen, rechtlichen und ethischen Zusammenhang stellen.

Die „peinliche Befragung"

Peinlich hieß die Folter im Mittelalter, weil sie Pein, also Schmerzen bereitete. Dabei war *ein* Zweck zu allen Zeiten sicherlich der, potentielle Straftäter oder Abweichler, Hexen etc. abzuschrecken. Aber wenn auf den Fotos aus Abu Ghraib ein sadistisches Vergnügen der Kerkermeister zu erkennen ist – warum sollte das nicht auch im Mittelalter eine Rolle gespielt haben?

Der wichtigste Zweck, früher wie heute, ob in einem mittelalterlichen Hexenprozess, einem nordkoreanischen Konzentrationslager oder einem CIA-geführten Spezialverhör, war und ist jedoch die Gewinnung von Informationen.

Dabei darf man dem Mittelalter und auch noch der beginnenden Neuzeit zugute halten, dass sie keine Beweissicherung kannten, wie sie heute zum polizeilichen Alltag gehört.[130] Urteile setzten entweder die Aussage zweier glaubwürdiger Augenzeugen voraus, die es oft nicht gab, oder das Geständnis des Angeklagten. Letzteres galt als die „Königin der Beweise". Deshalb hielt man – nach damaligem Verständnis – notgedrungen und trotz Bedenken („res fragilis et pericolosa"[131]) an der Überzeugung fest, dass ein unter Folter erpresstes Geständnis genügend Glaubwürdigkeit besitze.

Die Folter war also ein reguläres Mittel der Rechtspflege. Dies ist auf dem umseitigen Bild gut zu erkennen: Die Folterer flößen ihrem Opfer den sogenannten Schwedentrunk nicht in einem versteckten Verließ ein, sondern in einem amtlichen Gebäude. Sie wirken weder sadistisch noch übereifrig, sondern wie Menschen, die nur ihre Arbeit tun. Das Geschehen wird offiziell beaufsichtigt und protokolliert.

Es gab klare Beschränkungen: Die Folter durfte nur angewendet werden, wenn ein Todesurteil oder eine Verstümmelung als Strafe zu erwarten war. Dafür mussten gute Indizien vorliegen. Der Angeklagte durfte seine Kläger ins Kreuzverhör nehmen. Ein Arzt und ein Notar hatten anwesend zu sein. Die Folterwerkzeuge wurden dem Angeklagten gezeigt, um ihm die Möglichkeit zu geben, der Folter durch ein Geständnis zuvorzukommen. Sie durfte eine bestimmte Dauer nicht überschreiten, und der Delinquent musste sein Geständnis am nächsten Tag bestätigen.

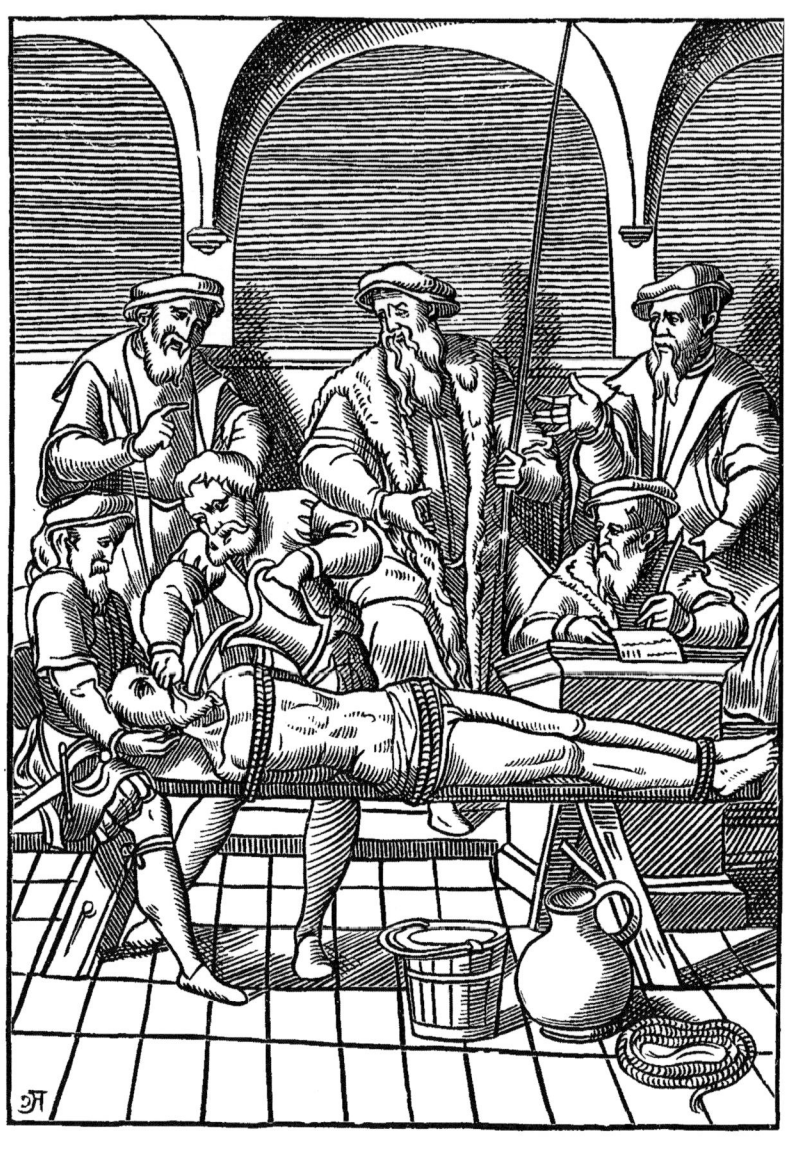

The Water Torture.—Fac-simile of a Woodcut in J. Damhoudère's " Praxis Rerum
Criminalium : " in 4to, Antwerp, 1556.   Wikimedia Commons

Zum Teil waren die Rechte des Beschuldigten also besser geregelt als in Guantanamo. Allerdings waren die mittelalterlichen Foltermethoden noch weitaus grausamer.

Abu Ghraib ist ein anderer Fall: Dort entwickelte sich das Quälen der Insassen ohne Systematik aus einer Mischung von Überforderung und Sadismus des eingesetzten Personals, sowie einer bewusst undeutlich gehaltenen Ansage der Gefängnisleitung, dass die Gefangenen weichgekocht werden sollten.[132]

Erst im 18. Jahrhundert, der Zeit der Aufklärung, setzten sich die Zweifel an der Brauchbarkeit derart gewonnener Aussagen durch. Friedrich der Große (1712-1786) schaffte die Folter 1754 in Preußen ab. Nach dem Zweiten Weltkrieg wurde 1948 in die allgemeine Erklärung der Menschenrechte auch ein Folterverbot aufgenommen: „Niemand soll der Folter oder grausamer, unmenschlicher oder erniedrigender Bestrafung unterworfen werden."

Der „Fall Daschner"

Im September 2002 entführte der Jurastudent Magnus Gäfgen den 11-jährigen Frankfurter Bankierssohn Jakob von Metzler, tötete ihn und versenkte den Leichnam in einem kleinen See. Noch mit dem Leichnam im Kofferraum warf er einen Erpresserbrief bei den Eltern ein. Darin forderte er eine Million Euro Lösegeld. Die Übergabe wurde von der Polizei beobachtet. Da Gäfgen anschließend keine Anstalten machte, sich um den entführten Jungen zu kümmern, sondern teure Einkäufe machte und mit seiner Freundin eine Fernreise buchte, nahm die Polizei ihn fest und versuchte, von ihm den Aufenthaltsort des Kindes zu erfahren.

Wolfgang Daschner
© picture-alliance
AP Photo/Arne Dedert

Gäfgen beschuldigte zunächst andere der Tat und hielt die Polizei tagelang mit widersprüchlichen Aussagen hin. Währenddessen wuchs die Sorge um Jakob von Metzler. Man konnte ja nicht ausschließen, dass er noch lebte. Schließlich ordnete der stellvertretende Polizeipräsident Wolfgang Daschner an, Gäfgen solle mitgeteilt werden: Wenn er weiterhin nicht kooperiere, würden ihm von einem geschulten Polizisten, im Beisein eines Arztes, Schmerzen zugefügt, die er nicht vergessen werde. Dies geschehe, um das Leben des Jungen zu retten.

Ein Beamter schilderte Gäfgen diesen Auftrag so eindringlich, dass dieser die Tat sofort zugab und die Ermittler zum Versteck des Leichnams führte. Daschner fertigte einen Vermerk an, in dem er seine Anweisung darstellte und mit einem übergesetzlichen Notstand rechtfertigte.

2003 wurde Gäfgen zu lebenslanger Haft verurteilt. In einem weiteren Prozess wurde Daschner wegen *Verleitung eines Untergebenen zur Nötigung* gem. § 375 Abs. 1 StGB schuldig gesprochen und zu 90 Tagessätzen à 120 € (also 10.800 €) verurteilt, der ausführende Beamte Ennigkeit wegen Nötigung im Sinne des § 240 Abs. 1 StGB zu 60 Tagessätzen à 60 € (3.600 €). Es handelte sich um eine Verwarnung mit Strafvorbehalt und einer einjährigen Bewährungsfrist. Nach Ablauf dieser Frist wurde der Vorbehalt gegenstandslos. Daschner ist daher nicht vorbestraft. Trotzdem fühlten sich Daschner und Ennigkeit zu Unrecht verurteilt.

Der Prozess gegen Daschner und den Beamten Ennigkeit erregte großes Aufsehen. Manche Kritiker warfen dem Gericht eine zu große Milde vor, denn Daschner habe gegen ein fundamentales Menschenrecht verstoßen, durch das milde Urteil jedoch keine ernsten Konsequenzen erlitten. Von anderer Seite wurde hingegen kritisiert, dass Daschner überhaupt verurteilt worden sei. Er habe schließlich nur das Wohl des Kindes im Auge gehabt und dessen Leben retten wollen.

Wenn ich den Fall mit Polizisten diskutierte, überwog meist die Sympathie für Daschners Vorgehen. Vielen erschien die Androhung von Schmerzen als gerechtfertigt, wenn dadurch ein Leben gerettet werden könne. Außerdem gehe selbst eine einfache Festnahme nicht immer schmerzfrei ab, und bei einem finalen Rettungsschuss könne der Täter sogar getötet werden.

Liest man das Urteil,[133] erkennt man, dass das Gericht solche Argumente sorgfältig abgewogen hat. Es diskutiert die Vergleichbarkeit derartiger Einsätze mit dem Konflikt, in dem Daschner sich befand, und würdigt dessen positive Motive. Es sieht sein moralisches Dilemma und kommt schließlich zu dem denkbar mildesten Strafmaß.

Es verzichtet jedoch nicht darauf, eine Verurteilung auszusprechen. Denn nach Meinung des Gerichtes – die ich teile – könnte sonst ein Dammbruch geschehen, in dessen Folge sich Zwang oder Folter bei Verhören unter Hinweis auf höhere Ziele einbürgern würden. Das Urteil trägt insofern Züge einer Prinzipien-Ethik (vgl. Seite 57), deren Grundsätze durch keine Lage, und sei sie noch so dramatisch, ausgehebelt werden dürfen.[134] Das zentrale Argument des Gerichtes lautet folgendermaßen:

„Die Achtung der Menschenwürde ist die Grundlage dieses Rechtsstaates. Der Verfassungsgeber hat sie ganz bewusst an den Anfang der Verfassung gestellt. Das Recht auf Leben und körperliche Unversehrtheit dagegen ist erst in Art. 2 Abs. 2 Grundgesetz normiert. Dies hat seinen Grund in der Geschichte dieses Staates. Die Dokumente aus der Zeit der Entstehung der Bundesrepublik Deutschland machen unschwer deutlich, dass den Mitgliedern des Parlamentarischen Rates die Gräueltaten des nationalsozialistischen Regimes noch sehr deutlich vor Augen standen. Sein fundamentales Anliegen war, so etwas wie damals nie wieder entstehen zu lassen und mit der Fassung dieses Grundgesetzes einen deutlichen Riegel vor jegliche Versuchung zu schieben. Der Mensch sollte nicht ein zweites Mal als Träger von Wissen behandelt werden können, das der Staat aus ihm herauspressen will, und sei es auch im Dienste der Gerechtigkeit. So ist zu erklären, dass Artikel 1 Abs. 1 Satz 1 Grundgesetz unabänderlich ist. Der Verfassungsgeber hat in Art. 79 Abs. 3 Grundgesetz dem Gedanken „Wehret den Anfängen" Ausdruck verliehen und eine Änderung dieses Verfassungsgrundsatzes ausgeschlossen, auch wenn eine entsprechende Mehrheit für eine Grundgesetzänderung vorläge. Aus diesem Grund wird Art. 79 Abs. 3 Grundgesetz auch als „Ewigkeitsklausel" bezeichnet. Das strikte Verbot, einem Beschuldigten Gewalt auch nur anzudrohen, ist bereits das Ergebnis einer Abwägung aller zu berücksichtigenden Interessen. Diese wurde bei Errichtung des Grundgesetzes vorgenommen. Dabei geht es ganz wesentlich auch um den Schutz und die Funktionstüchtigkeit der Strafrechtspflege.

Die Urteile der Strafgerichte basieren auf einer korrekten Arbeit der Polizei in einem rechtsstaatlichen Verfahren. Der Rechtsstaat würde sich selber aufgeben, wenn er diesem strikten Gebot keine Folge leisten würde."

Etwas später führt das Urteil aus:

> *„Die Zufügung von Schmerzen, ohne Verletzung, durch einen besonderen Beamten, der sich in den körperlichen Gegebenheiten besonders schmerzempfindlicher Regionen auskennt und diese auch gezielt angreifen kann, ist Angst einflößend und abschreckend. Die Hinzuziehung eines Arztes wirkt dabei nicht beruhigend.*
>
> *Die Schmerzzufügung musste gegebenenfalls so stark sein, dass sie für einen entgegenstehenden Willen keinen Raum mehr ließ.* ***Der Wille sollte gebrochen werden.*** *[Hervorhebung von mir; FR] Es handelt sich auch nicht um ein bloßes Gedankenmodell, vielmehr waren tatsächliche Vorbereitungen getroffen. Der Arzt war in das Polizeipräsidium beordert und nach seiner Einwilligung befragt worden. Der besondere Beamte sollte mit dem Hubschrauber aus dem Urlaubsort geholt werden.*
>
> *Eine Ausnahme von der eindeutigen Gesetzeslage bedeutete, dass der verfassungsrechtliche Schutz der Menschenwürde in seiner Absolutheit durchbrochen und einer Abwägung zugänglich gemacht würde, was einem Tabubruch gleichkäme."*

Autonomie als Kern der Menschenwürde

Es lohnt sich, einen Satz aus dieser Begründung besonders sorgfältig zu betrachten: *„Der Wille sollte gebrochen werden."* Er offenbart, was das Gericht für den Kern der Menschenwürde hält, nämlich den Willen des Menschen, über sich selbst zu bestimmen, seine Autonomie.[135] Was daraus folgt, mag manchem als Haarspalterei erscheinen, ich will dennoch dafür werben. Es bedeutet natürlich nicht, dass die Polizei dem Willen beispielsweise eines Einbrechers nichts entgegensetzen darf. Das wäre völlig widersinnig. Natürlich darf, ja soll sie den Einbrecher, Bankräuber usw. festnehmen. Sie wird das gegen seinen Willen tun – aber, und das ist der entscheidende Punkt, sie wird diesen Willen selbst nicht vernichten. Den Willen eines Menschen zu brechen, hieße, in das Innere seiner Person einzugreifen. Es wäre der Gehirnwäsche vergleichbar oder der chemischen Manipulation, die als Hilfsmittel bei Verhören ebenfalls verboten ist. Dass dieser Bereich einer Person als unantastbar gilt, macht – nach dieser Überlegung – das Wesen der Menschenwürde aus. Aus dem gleichen Grund gilt übrigens das Zeugnisverweigerungsrecht für Ärzte, Rechtsanwälte und Pfarrer: Es muss für jeden Menschen die Möglichkeit geben, sein Innerstes einem anderen Menschen anzuvertrauen, ohne dass ein Dritter darauf zugreifen kann. Nur dieser Bezug auf den Kern der menschlichen Person, zu dem wesentlich das Bedürfnis gehört, als autonomes Subjekt geachtet zu werden, kann erklären, wieso eine notfalls massive polizeiliche Gewalt*anwendung* erlaubt sein soll, aber auch nur eine bloße Gewalt*androhung*, welche eine *Aussage erzwingen* soll, nicht: Es ist erlaubt, in die Ausführung einer Tat einzugreifen, nicht aber in die Person des Täters.

Nutzenabwägung

Nehmen wir an, Sie wollten diesem Gedankengang an Wolfgang Daschners Stelle folgen, würden aber gleichzeitig darüber verzweifeln, dass Sie quasi dabei zusehen müssten, wie möglicherweise ein Kind stirbt, weil Sie die Informationen nicht bekommen, die Sie brauchen, um es zu retten. Was würden Sie tun? Was wäre moralisch geboten? Welches der eingangs skizzierten Ethikmodelle würde greifen?

Auf den ersten Blick bietet sich eine Entscheidung nach der konsequentialistischen Ethik an, genauer: im Sinne des Utilitarismus, also anhand der Frage: Welche Entscheidung bringt den größten Nutzen? Die Antwort scheint klar zu sein: Eine bloße Gewaltandrohung, ja selbst eine vollzogene Gewalt während der Vernehmung (also der Schaden), wiegt vergleichsweise gering, wenn dadurch ein Leben gerettet werden kann (der Nutzen).

Doch sogar unter utilitaristischen Gesichtspunkten ist diese Argumentation zu oberflächlich. Denn tatsächlich war Jakob von Metzler zu diesem Zeitpunkt bereits tot, so dass die Polizei im Nachhinein hätte feststellen müssen: Durch ihre Zwangsanwendung wurde der angestrebte Nutzen gar nicht erreicht, sondern höchstens der, den Leichnam des Jungen zu finden. Hätte auch dieser viel kleinere Nutzen die Gewalt beim Verhör gerechtfertigt?

Außerdem bestand noch keine hundertprozentige Gewissheit, dass Gäfgen tatsächlich der Täter war. Zwar war dies nach den gemachten Beobachtungen höchst wahrscheinlich, jedoch nicht absolut sicher. Sollte die Folter zur Wahrheitsfindung grundsätzlich erlaubt werden, könnte sie auch fälschlich Verdächtigte treffen (wie im Mittelalter Tausende von sogenannten Hexen). Das würde den Nutzen weiter minimieren.

Und nicht zuletzt: Was wiegt schwerer: Der Nutzen, im Einzelfall ein Verbrechen verhindern zu können, oder der Nutzen einer Rechtsordnung, in der jeder Bürger sicher sein kann, dass er nicht durch einen falschen Verdacht einem solchen Verhör ausgesetzt wird?[136]

Bei genauer Überlegung führen utilitaristische Argumente also in kaum mehr überschaubare Zusammenhänge, so dass eine sichere Entscheidung allein nach Nutzen-Gesichtspunkten schwer möglich ist. An diesem Punkt müssten auch hartgesottene Utilitaristen auf Faustregeln oder moralische Prinzipien zurückgreifen, auf Werte oder Pflichten, die einigermaßen unverrückbar für sich stehen und unter (fast) allen Umständen gelten. Zu den utilitaristischen Erwägungen kämen dann solche der Pflichtenethik hinzu, oder man würde intuitiv, apodiktisch, ohne weitere Begründung entscheiden: „So etwas tut man einfach nicht!"

Dilemmata

Wohin haben uns diese Überlegungen gebracht? Zum einen macht der Fall Daschner deutlich, dass wir es in der Ethik nicht mit felsenfesten Entscheidungsgrundlagen und eindeutigen Schlussfolgerungen zu tun haben, wie das (und auch dort nur mit Abstrichen) in der Naturwissenschaft der Fall ist. Selbst der Rückgriff auf die Menschenwürde als oberste Maxime führt zu neuen Fragen wie: Kann sie wirklich unter allen Umständen in gleichem Maß gelten? Steht nicht manchmal auch die Würde eines Menschen gegen die eines anderen? Muss man nicht – wie der Verfassungsrechtler Matthias Herdegen vorschlägt – unterscheiden zwischen dem unaufgebbaren *Kern* der Menschenwürde und ihren weniger verbindlichen, abwägungsoffenen „Randzonen"?[137]

Manche Kritiker halten die Kategorie der Menschenwürde in ethischen Debatten ohnehin für überfrachtet. Sie nehme eine fast schon religiöse Stellung ein, leiste aber weniger, als es auf den ersten Blick scheine.[138]

Ob man dieser Kritik zustimmen mag oder nicht: Als Gesellschaft muss uns daran gelegen sein, einen anerkannten Bezugspunkt – die Menschenwürde – für unsere moralischen Diskussionen zu finden. Aber selbst, wenn sich alle darauf einigen, bleiben viele Fragen offen und weiter diskussionswürdig.

Dies gilt auch für den Fall Daschner: Der Staat darf nicht, wie Daschner sich das gewünscht hat, „verschärfte Verhörmethoden" für bestimmte Situationen legalisieren, weil er damit auf eine schiefe Ebene geriete. Es kann aber sein, dass ein Polizeibeamter in einer Ausnahmesituation aus Gewissensgründen gegen das Gesetz verstößt, um Leben zu retten. Diese Spannung ist nicht aufzulösen. Hier gilt es, das Dilemma als solches zu akzeptieren und damit als „tapferer Sünder" (vgl. Seite 87) – wenn man so will: als Opfer einer tragischen Konstellation – ohne Wehleidigkeit zu leben.

Das Gericht war offenbar ähnlicher Ansicht. Es hat beide Seiten des unauflösbaren Konflikts berücksichtigt, indem es Daschner verurteilt, aber im Grunde nicht wirklich bestraft hat.

Überbringen
einer Todesnachricht

Das Überbringen einer Todesnachricht gehört zu den schwersten Aufgaben des Polizeiberufes. Selbst gestandene Schutzleute sind meist froh, wenn sie diesen Auftrag nicht übernehmen müssen. Ich kenne jedoch auch Polizisten, die es bereitwillig tun – nicht etwa, weil es ihnen leicht fiele, sondern weil ihnen am Herzen liegt, dass diese Aufgabe mit Sorgfalt und Fürsorge erledigt wird und sie sich dem stellen wollen. Die ethische Frage lautet: Wie kann ich eine Todesnachricht so behutsam und fürsorglich wie möglich überbringen? Hier gibt es viele Details zu bedenken. Deshalb werde ich im Folgenden, abweichend vom Stil anderer Kapitel, auch praktische Ratschläge geben. Ich stelle mir dabei Polizistinnen und Polizisten als Leser vor, die sich auf diesen Auftrag vorbereiten wollen.

Viele Polizeianwärter bringen bereits eine Grundkompetenz für das Überbringen einer Todesnachricht mit, weil sie eine solche Situation schon einmal als Betroffene erlebt haben: Vielleicht hat ihnen der Klassenlehrer zu Beginn eines Schultages vom Suizid eines Mitschülers berichtet. Oder ein naher Verwandter ist bei einem Unfall ums Leben gekommen. Oder der Vater hat einen Herzinfarkt erlitten. In meinen Unterrichtsgesprächen konnten stets mehrere von solchen Erfahrungen berichten.

Wenn Sie so etwas auch schon erlebt haben, kennen Sie zumindest eine der möglichen Reaktionen von Angehörigen. Das kann eine Hilfe sein, wenn Sie selbst eine Todesnachricht überbringen müssen. Dennoch bleibt jede Vorbereitung mit Unwägbarkeiten verbunden. Man kann sich kein Standardverhalten zurecht legen, sondern muss überlegt *und* intuitiv, mit Kopf *und* Herz arbeiten. Einige Faustregeln mögen dabei helfen. Genauso wichtig ist aber die innere Haltung.

Die Vorbereitung

Ehe Sie eine Todesnachricht überbringen, bereiten Sie sich gut vor. Das Wichtigste ist: Informieren Sie sich über die näheren Umstände des Todes, denn danach werden Sie fast immer gefragt. Die Angehörigen brauchen diese Informationen, um glauben können, was Sie ihnen gerade erzählt haben. Außerdem ist es ein ganz natürlicher Wunsch zu erfahren, wie ein nahe stehender Mensch aus dem Leben geschieden ist.

Wenn das Anliegen, die Todesnachricht zu überbringen, von einer auswärtigen Dienststelle an Sie herangetragen worden ist, aber nur wenige Informationen enthält, zögern Sie nicht, durch einen Rückruf mehr zu erfahren. Wann, wo und wodurch ist der Tod eingetreten? Ist die Identität des Verstorbenen zweifelsfrei geklärt? Dieser Punkt ist besonders wichtig, wenn der Verstorbene durch einen Unfall oder ein Verbrechen entstellt und nicht wiedererkennbar ist.

Und schließlich: Wo befindet sich der Verstorbene jetzt? Wenn er zum Beispiel in der Gerichtsmedizin liegt: Kann er dort aufgesucht werden? Von wem können die Angehörigen über den weiteren Verbleib mehr erfahren?

Es kostet etwas Zeit, diese Dinge zu klären, und es mag Ihnen zunächst nebensächlich erscheinen, sich damit zu beschäftigen, während Sie an die Aufregung denken, die Sie mit Ihrem Besuch vermutlich auslösen werden. Möglicherweise sind Sie auch selbst aufgeregt und wollen den Einsatz hinter sich bringen. Aber bedenken Sie: Es hilft den Angehörigen, die Nachricht zu verstehen und später auch zu bewältigen, wenn ihre Fragen zuverlässig beantwortet werden.

Informieren Sie sich auch darüber, zu wem Sie kommen: Handelt es sich um sehr alte, womöglich alleinstehende Menschen, so dass – was aber auch sonst vorkommen kann – ein ärztlicher Notfall eintreten könnte?

Wenn Sie zu einem Hochhaus fahren werden: Wo genau, in welchem Stockwerk, wohnen die Angehörigen? Gibt es mehrere Personen oder Familien gleichen Namens?

Handelt es sich um Menschen aus der Türkei oder dem arabischen Raum? Dann müssen Sie mit besonders heftigen Gefühlsausbrüchen und damit rechnen, dass nach kurzer Zeit zahlreiche weitere, aufgeregte Angehörige dazukommen. Falls jemand aus Ihrer Dienstgruppe ebenfalls diesem Kulturkreis entstammt, könnte er mitkommen, um mögliche Sprachprobleme zu vermeiden.

Leben kleine Kinder in der Familie? Dann bereiten Sie sich darauf vor, dass es nützlich sein kann, wenn einer von Ihnen, vielleicht eine Kollegin, mit dem Kind in einen Nebenraum geht, ehe der andere die Todesnachricht überbringt, damit die Kinder einen eventuellen Zusammenbruch der Eltern nicht miterleben müssen.

Ist ein Mitglied der Familie bekanntermaßen kriminell? Dann müssen Sie darauf achten, dass diese Person nicht glaubt, Sie werde jetzt verhaftet. (Das habe ich einmal erlebt.)

Überlegen Sie, ob Sie einen Seelsorger mitnehmen (oder jemanden aus einer Hilfsorganisation, die einen entsprechenden Dienst anbietet). Das ist besonders dann zu empfehlen, wenn es sich um Suizide, den Tod von Kindern oder grausame Unfälle handelt. In – soweit ich weiß – allen Bundesländern stellen die Kirchen eine Notfallseelsorge bereit. Informieren Sie sich beizeiten, wie sie zu erreichen ist. Auch Ihr Wachhabender sollte diese Informationen besitzen.

Wenn Sie seelsorgliche Unterstützung nutzen wollen, klären Sie mit dem Pfarrer oder der Pastorin, wo sie sich treffen werden und wer die Todesnachricht aussprechen soll, während der andere zunächst nur als Begleitung fungiert. Es ist nicht zwingend nötig, dass Sie, als Polizist, das tun, denn die offizielle Beglaubigung ist bereits durch Ihre Anwesenheit ausreichend gegeben.

Ich bin oft gefragt worden, ob das Beisein eines Geistlichen in einer atheistischen oder islamischen Familie nicht störend sei. Ich habe das nie erlebt. Einige Male haben sich Menschen als ungläubig oder nichtkirchlich zu erkennen gegeben, meine Hilfe aber trotzdem gerne angenommen. Bei islamischen Familien hatte ich meist den Eindruck, dass in der Notsituation automatisch eine religionsübergreifende Verbundenheit vorausgesetzt wurde. Aber natürlich muss ein Seelsorger ein Gespür dafür haben, ob er am richtigen Platz ist und sich notfalls zurückhalten.

All diese Vorbereitungen sollten Sie in Ruhe erledigen. Sie brauchen dafür ungefähr eine halbe Stunde, falls ein Notfallseelsorger hinzugezogen wird, eventuell ein wenig mehr. Richten Sie sich darauf ein, dass der Einsatz selbst ein oder zwei Stunden dauert (vielleicht aber auch nur zehn Minuten) und melden Sie sich für diese Zeit ab.

Besprechen Sie mit Ihrem Partner, wer zu Beginn das Wort führt, sammeln Sie sich, und dann fahren Sie los.

Fahren Sie auch dann, wenn es 2 Uhr nachts ist. Niemand würde es Ihnen danken, wenn Sie den Auftrag an die Frühschicht übergäben, damit die Angehörigen ausschlafen können. Auch wissen Sie nicht, ob Sie am Morgen noch jemanden antreffen und ob die Angehörigen die Nachricht bis dahin nicht schon auf anderem, schlechteren Wege erhalten haben. Kurz: Nehmen Sie sich Zeit für eine gute Vorbereitung und dann tun Sie, was getan werden muss.

Zwei Einschränkungen sollten Sie vorher bedacht haben: Falls Sie selbst am Unfallort des Verstorbenen oder an einem Tatort eingesetzt waren, vor allem, wenn es sich um ein grausames Geschehen gehandelt hat, sollten Sie, wenn es sich vermeiden lässt, nicht auch noch die Todesnachricht überbringen. Sie könnten dann zwar gut Auskunft über die näheren Umstände geben, aber Sie würden zwei belastende Einsätze hintereinander absolvieren und könnten beim Überbringen der Nachricht noch zu betroffen sein. Polizisten neigen manchmal dazu, sich diesbezüglich zu überschätzen und spüren erst mit Verzögerung, dass sie sich zu viel zugemutet haben. Bitten Sie daher, wenn möglich, in so einem Fall Kollegen, die Todesnachricht zu überbringen. Das Gleiche gilt, wenn Sie selbst in Trauer oder beispielsweise gerade Vater geworden sind, nun aber den Tod eines kleinen Kindes übermitteln sollen. Das müssen Sie sich nicht antun.

Die Kontaktaufnahme

Nehmen wir an, Sie sind ohne seelsorgliche Unterstützung gefahren und stehen nun nachts um 2 Uhr vor dem Klingelbrett eines Hochhauses mit 80 oder 100 Namen.

Vergewissern Sie sich zunächst, ob der gesuchte Name nur einmal dort zu finden ist. Nehmen wir an, das ist so. Manche Polizisten bevorzugen es, trotzdem bei einer anderen Partei zu klingeln, um erst einmal unbemerkt ins Haus zu kommen. Der Vorteil ist: Es kann nichts Unerwartetes zwischen Ihrem Klingeln und dem Eintreffen an der Wohnungstür geschehen. Der

Nachteil: Die zu Besuchenden haben keine Zeit, sich auf Sie einzustellen. Sie werden aus dem Bett gerissen und mit zwei uniformierten Beamten vor ihrer Wohnungstür konfrontiert. Das verstärkt den schockartigen Charakter, den die Begegnung ohnehin hat. Wenn Sie sich statt dessen über die Gegensprechanlage anmelden, bleibt den Angehörigen ein Moment Zeit, sich auf etwas Ungewöhnliches vorzubereiten und sich etwas überzuziehen. Außerdem ist es diskreter, wenn Sie nicht bei den Nachbarn klingeln. Und nicht zuletzt habe ich es immer als angemessen empfunden, mich nicht „anzuschleichen", sondern offen in die Begegnung zu gehen. Daher empfehle ich (von Ausnahmen abgesehen, etwa im kriminellen Milieu, wo die Betroffenen beim Besuch der Polizei an etwas anderes denken und sich womöglich verleugnen oder gar fliehen), bei den Betroffenen selbst zu klingen.

Wahrscheinlich sind Sie in diesem Augenblick aufgeregt: Wen werde ich gleich antreffen? Werde ich die richtigen Worte finden? Wieviel Schmerz muss ich gleich mit ansehen?
Ich habe manchmal im Stillen ein Stoßgebet gesprochen. Im Übrigen kann man sich nur sagen: Ich will mich dieser Situation jetzt stellen und meine Arbeit so gut wie möglich machen.

Nach kurzer Zeit ertönt aus der Gegensprechanlage vielleicht eine schlaftrunkenes „Was ist los?". Antworten Sie nicht gleich mit der ganzen Wahrheit. Die bleibt dem direkten Gespräch vorbehalten. Vermeiden Sie aber auch Sätze, die so klingen, als handele es sich um eine Bagatellangelegenheit, wie zum Beispiel: „Könnten Sie uns mal kurz reinlassen?" Unangebracht ist natürlich auch Einsatzsprache wie „Polizei, bitte aufmachen!" Statt dessen stellen Sie sich zunächst vor und verwenden dann eine Formulierung, der ruhig abzuspüren sein darf, dass Ihr Besuch einen ernsten Grund hat. Sie könnte ungefähr lauten: „Mein Name ist Z. vom Polizeikommissariat Y. Wir müssen Sie sprechen. Würden Sie uns bitte hereinlassen?" Vielleicht schicken Sie ein „Guten Morgen" voraus, weil sich das gehört, obwohl Sie wissen, dass es ein schlimmer Morgen werden wird. Das müssen Sie aus der Situation, der Stimme Ihres Gegenübers und Ihrem eigenen Empfinden, entscheiden.

Vielleicht kommt die Gegenfrage: „Was ist denn los?" Hier beschränken Sie sich am besten auf ein „Das möchten wir Ihnen persönlich sagen" oder Ähnliches.

In der Regel wird Ihnen dann geöffnet. Die Angehörigen vermuten nun meist schon Schlimmes. Ein- oder zweimal habe ich jedoch erlebt, dass sie bis zuletzt dachten, es ginge nur um eine Kleinigkeit, vielleicht ein Parkvergehen oder etwas Vergleichbares, und uns vergnügt gegenübersaßen, bis der entscheidende Satz fiel. Meist jedoch stehen Ihnen an der Wohnungstür aufgeregte, ängstliche Menschen gegenüber, die sofort wissen wollen, weshalb Sie gekommen sind.

Auch wenn es schwer fällt, weil Sie dadurch die Angehörigen auf die Folter spannen: Bitten Sie darum, in die Wohnung gelassen zu werden und gemeinsam Platz zu nehmen. Das ist den Nachbarn gegenüber diskreter und vor allem sicherer, falls der oder die Betroffene in Ohnmacht fällt. Sie haben jedoch kein Recht, das zu erzwingen. Einmal habe ich erlebt, dass eine ältere Frau schon ahnte, dass ihrem Mann etwas geschehen war, und uns auf der Straße entgegenkam. Sie wollte sofort Auskunft bekommen und weigerte sich, ins Haus zu gehen. Da blieb mir nichts anderes übrig, als sie – zur Sicherheit und zum Trost – in den Arm zu nehmen und die bittere Wahrheit mitten in der Öffentlichkeit zu sagen.

Normalerweise werden Sie jedoch in die Wohnung gelassen. Wenn nötig, bitten Sie noch einmal darum, sich zu setzen – und setzen sich auch, damit Sie auf Augenhöhe miteinander sprechen.

Das Gespräch

Wie wird Ihnen nun zumute sein? Das hängt von Verschiedenem ab: von den Menschen, denen Sie gegenüber sitzen, deren Stimmung, Ihrem emotionalen Zugang zu diesen Menschen, dem Ereignis, das Sie berichten müssen. Ich selber habe manchmal mit den Tränen kämpfen müssen. Ein- oder zweimal war ich aber auch, zu meiner eigenen Verwunderung, wenig berührt. Das muss mit der Stimmung um mich herum zu tun gehabt haben. Meist jedoch kam mir der Moment vor der eigentlichen Mitteilung so vor, als müsste ich gleich eine Handgranate mitten in das Leben dieser Menschen werfen – ein widerwärtiges Gefühl.

Auch wenn Sie erwartungsvoll und ängstlich angeschaut, vielleicht auch gefragt werden, was los sei, oder sogar schon eine richtige Vermutung zu hören bekommen („Ist meinem Sohn etwas passiert!?"), müssen Sie sich erst noch vergewissern, dass Sie mit den richtigen Leuten sprechen. Das Namensschild an der Haustür gibt keine ausreichende Sicherheit. Vielleicht sitzen Sie Übernachtungsgästen gegenüber oder Mitgliedern einer Patchwork-Familie mit komplizierten Verwandschaftsverhältnissen. Werden Sie aber bitte nicht bürokratisch, sondern verwenden Sie für Ihre Frage eine alltagssprachliche Formulierung, die Ihnen trotzdem genügend Sicherheit gibt. Wenn Sie zum Beispiel einer Mutter den Tod ihres Sohnes mitteilen müssen, kann der Satz lauten: „Ich möchte mich vergewissern: Sind Sie Frau X, die Mutter von Z?"

Diese Frage enthält im Grunde schon die halbe Mitteilung und kann deshalb bereits eine heftige Reaktion auslösen. Es kann aber auch sein, dass Sie nur die genervte Antwort bekommen: „Was hat er denn schon wieder ausgefressen!?"

Wahrscheinlicher ist, dass Sie ein Ja hören und in angstgeweitete Augen blicken. Kommen Sie nun ohne komplizierte oder vernebelnde Floskeln zur Sache. Lassen Sie spüren, dass Sie um den Ernst Ihrer Mitteilung wissen und nicht nur einen bürokratischen Akt vollziehen. Im entsprechenden Fall kann der Satz ungefähr lauten: „Ich muss Ihnen leider mitteilen, dass Ihr Sohn gestern abend in Berlin mit seinem Motorrad tödlich verunglückt ist." Statt „Ich muss Ihnen leider mitteilen" können Sie natürlich auch sagen: "Ich muss Ihnen etwas Trauriges sagen …" oder irgend etwas anderes, das kurz genug ist, um es in der Aufregung über die Lippen zu bringen, und dennoch Mitgefühl zum Ausdruck bringt.

Vermeiden Sie längere Ausführungen wie „Die Ärzte haben sich noch bemüht, aber …" Solche Dinge können später zur Sprache kommen. Erst einmal müssen die Angehörigen das Wesentliche erfahren. Haben Sie keine Scheu vor den Wörtern *Tod* oder *tödlich*. Ihre Nachricht muss unmissverständlich sein. Sagen Sie aber nicht bloß: „Ihr Sohn ist tot". Darunter kann man sich nichts vorstellen. Die zwei, drei wichtigsten Angaben gehören dazu.

Nachdem Sie den entscheidenden Satz gesagt haben, müssen Sie mit allem rechnen. Vielleicht erstarren die Menschen stumm. Oder sie brechen schreiend zusammen. Oder sie fragen ungläubig nach: „Das ist doch bestimmt ein Irrtum?!" Möglicherweise laufen sie in die Küche und schmieren sich ein Brot, als hätten sie nichts gehört. Vielleicht bleiben sie aber auch ganz gefasst und wollen nur die wichtigsten Informationen hören. Vielleicht ist diese Nüchternheit von Dauer, vielleicht übermannt sie der Schmerz, wenn sie wieder allein sind. Vielleicht empfinden sie nur wenig, denn der Verstorbene war ihnen trotz enger Verwandtschaft gleichgültig. Oder sie sind sogar erleichtert, weil mit diesem Tod eine lange, schreckliche Geschichte zu

Ende geht. Vielleicht wollen sie möglichst schnell wieder allein sein. Vielleicht brauchen sie jemanden, der in ihrer Nähe bleibt.

Die innere Haltung

Es wäre sinnlos, sich zu jeder denkbaren Reaktion vorher das passende Verhalten zurecht zu legen. Was richtig ist, lässt sich intuitiv an kleinen Gesten und dem Tonfall der Stimme erkennen. Im Lauf der Jahre werden Sie hierin sicherer werden.

Zwei Dinge scheinen mir besonders wichtig:
Wenn wir die Katastrophe eines anderen Menschen ansehen müssen, wollen wir irgend etwas für ihn tun, um seinen Schmerz zu lindern. Das ist jedoch nur in sehr geringem Umfang möglich. Bevor ich dieses Wenige – aber Wichtige! – nenne, möchte ich Ihnen verdeutlichen, was *nicht* möglich ist: Weder können Sie die Ursache des Schmerzes beseitigen, noch können Sie diesen durch einen tröstlichen Kommentar lindern. Das bedeutet umgekehrt, dass Sie auch nicht viel tun *müssen* – eben weil Sie es gar nicht *können*. Sie brauchen sich nicht unter Druck zu setzen, etwas Kluges oder Hilfreiches zu sagen.

Was Sie jedoch leisten können, ist, dass Sie die Situation, den Schmerz der Angehörigen und Ihre eigene Hilflosigkeit, *aushalten*. Das ist schwer genug – für Polizisten vermutlich besonders, denn im Polizeiberuf ist man gewohnt, einzugreifen, Dinge in die Hand zu nehmen und zu ändern. Hier hingegen müssen Sie einen inneren Hebel umlegen und eine seelsorgliche Haltung einnehmen: Lassen Sie erst einmal den Dingen ihren Lauf und versuchen Sie zu erspüren, was Ihr Gegenüber braucht. Wenn jemand schreien will, lassen Sie ihn schreien. Wenn er verstummt: Lassen Sie ihn eine kleine Weile – jedoch nicht zu lange – vor sich hinbrüten. Wenn er aufspringt und im Zimmer herumläuft: Lassen Sie ihn sich bewegen. (Solange er sich nicht selbst gefährdet.)

Wenn Sie selbst schon einmal großen Kummer hatten, wissen Sie, dass man dann keinen billigen Trost oder kluge Ratschläge hören will. Das Wichtigste ist, dass jemand da ist. Das gilt auch für den Betroffenen einer Todesnachricht: Er spürt, während für ihn gerade die Welt untergeht, dass jemand bei ihm ist, der fest steht und aushält, was gerade geschieht. Dieser Mensch ist, ohne dass er etwas Besonderes tut, für den Betroffenen wie ein Anker oder ein Pfeiler im Strom. Ich erinnere mich an die Mutter eines jungen Mannes, die wir vom Unfalltod ihres Sohnes unterrichtet hatten. Nach einigen Minuten größter Erregung schrie Sie mich an: „Und Sie, als Pfarrer, was sagen Sie dazu!? Da können Sie auch nichts sagen!" Und gleich darauf: „Aber bleiben Sie bloß hier!"

Informationen

Neben Ihrer bloßen Anwesenheit können Sie schließlich aber doch auch etwas tun, nämlich Fragen beantworten. Manche Angehörigen wollen sofort viel über die Todesursache wissen, manche erst später, manche über verschiedene Gesprächsphasen verteilt. Oft wollen sie auch wissen, wo sich der Verstorbene jetzt befindet, ob sie ihn sehen können, wie es überhaupt weitergeht. Es hilft den Angehörigen sehr, wenn sie dazu klare Auskunft bekommen. Sie brauchen diese Informationen, um die Realität des noch Unbegreiflichen annähernd zu erfassen und glauben zu können, was Sie ihnen gesagt haben.

Ich habe einmal erlebt, wie ein Beamter auf eine durchaus naheliegende Frage antworten musste: „Das kann ich Ihnen jetzt auch nicht genau sagen." So eine Antwort kann beim Hörer den Gedanken wecken: „Wenn er das nicht einmal weiß, dann ist vielleicht das Ganze nur ein schrecklicher Irrtum!"

Ratschläge

Wenn die Frage aufkommt, ob die Angehörigen ihren Verstorbenen noch einmal sehen können, vermeiden Sie bitte Ratschläge wie: „Behalten Sie ihn lieber so im Gedächtnis, wie Sie ihn kannten." Dieser Rat ist für manche Menschen richtig, anderen erschwert er letztlich den Abschied. Die Angehörigen müssen selbst herausfinden, was für sie richtig ist, und oft haben sie dazu auch untereinander verschiedene Ansichten. Ohnehin hat die Entscheidung darüber noch Zeit. Am besten raten Sie den Angehörigen also, wenn Sie gefragt werden, dass sie das in Ruhe selbst entscheiden sollen. Manchen tue es gut, den Verstorbenen noch einmal zu sehen, andere wollten ihn lieber wie zu Lebzeiten in Erinnerung behalten.

Schreckliche Details

Manchmal ist der Tod mit besonders schrecklichen Einzelheiten verbunden: Jemand ist verbrannt, zerquetscht oder brutal umgebracht worden. Soll man so etwas auch berichten?

Ihr erster Impuls ist wahrscheinlich: „Nein, davon will ich die Angehörigen verschonen." Bedenken Sie jedoch: Vermutlich würde Ihre Gesprächsführung darunter leiden, wenn Sie vor den Angehörigen etwas Wichtiges verheimlichen. Außerdem erfahren die Angehörigen irgendwann ohnehin die ganze Wahrheit, vielleicht aus der Presse, oder von einem abgebrühten Gerichtsmediziner am Telefon, oder im Gespräch mit dem Bestatter, wenn sie den Verstorbenen noch einmal sehen wollen. In vielen Fällen wird das weniger behutsam erfolgen, als wenn Sie, der Sie persönlich bei den Angehörigen sind und sich Mühe geben, ihnen die traurige Wahrheit schonend beibringen.

Und schließlich haben die Angehörigen ein *Recht* darauf, die Wahrheit zu erfahren.

Andererseits wäre es brutal, der ohnehin schon schlimmen Nachricht gleich im ersten Satz grausame Details hinzuzufügen.

Deswegen rate ich, das Gespräch zunächst wie oben beschrieben zu beginnen: „... ist mit seinem Motorrad tödlich verunglückt", „... ist bei einem Brand in seiner Wohnung ums Leben gekommen", „... ist unter einen Kran im Hafen geraten und tödlich verletzt worden". Meist kommen dann Nachfragen, und nun gilt es, die richtigen Worte zu finden. Bemühen Sie sich um eine Sprache, die wahrhaftig und behutsam zugleich ist. Das wird Ihnen um so besser gelingen, je differenzierter Sie sich auch sonst in Ihrem Leben ausdrücken. Während Sie sprechen, werden Sie normalerweise merken, wieviel die Angehörigen wirklich wissen wollen, sobald sie merken, dass es um grausame Tatsachen geht. Daran orientieren Sie sich. Wenn Sie unsicher sind, können Sie auch hier fragen: „Sie haben das Recht, alles zu erfahren, was ich weiß. Aber ich sehe, wie groß Ihr Schmerz ist. Wollen Sie wirklich noch mehr Einzelheiten wissen?"

Gerade bei solchen Todesnachrichten bewährt es sich, einen Pfarrer oder eine Pfarrerin mitzunehmen. Sie können wahrscheinlich länger bleiben, bis die Angehörigen sich etwas gefasst haben, oder mit ihnen an einem anderen Tag weiter sprechen.

Unterstützung

Überhaupt sollten Sie mit den Angehörigen überlegen, wer ihnen in den nächsten Stunden beistehen kann – ein Freund, eine Verwandte, ein Nachbar oder eine Seelsorgerin. Am hilfreichsten ist es, wenn jemand kommen kann, dem die Angehörigen vertrauen, der aber nicht genauso so stark wie sie betroffen ist.

Rührung

Falls Sie während des Gespräches feuchte Augen bekommen, muss Ihnen das nicht peinlich sein. Es zeigt den Angehörigen, dass Sie mit ihnen fühlen, und das ist nicht schlimm. Wenn Sie merken, dass Sie von Ihren Emotionen übermannt werden und kaum noch reden können, wird der Kollege oder die Kollegin übernehmen. Wenn nötig, erklären Sie das: „Es tut mir leid, das geht auch mir sehr nahe. Mein Kollege setzt das Gespräch fort."

Schweigen

Versuchen Sie, es für einige Momente zu ertragen, wenn Ihr Gegenüber in Schweigen verfällt, denn manchmal bereiten sich im Schweigen wichtige Mitteilungen vor. Das abzuwarten ist allerdings schwer, denn Schweigen kann Vielerlei bedeuten und kommt uns deshalb unendlich lang vor. Auch sollte der Betroffene nicht im Schweigen versinken. Aber wie können Sie ihn herausholen, ohne dass er sich bedrängt fühlt? Ich habe einmal, nach einer Weile, in der ich sehr unsicher war, was jetzt wohl das richtige Wort wäre, und mich sogar fragte, ob wir nicht besser gehen sollten, einen völlig verschlossenen Mann gefragt: „Diese Nachricht ist so schlimm, dass es Ihnen die Sprache verschlagen hat." Das war, als hätte ich den Korken aus einer Flasche gezogen und löste einen wahren Redestrom aus.

Erzählen

Manchmal erzählen die Hinterbliebenen von gemeinsamen Erlebnissen, Plänen oder Schwierigkeiten, die es miteinander gab. Das ist meistens ein Anzeichen, dass der erste Schock überwunden ist. Es tut gut, wenn Sie die Geduld haben, sich das eine Weile anzuhören. Eventuell können Sie auch selbst das Gespräch mit der Frage weiterführen: „Möchten Sie mir ein wenig von Ihrem Mann erzählen?"

Körperkontakt

Normalerweise möchten wir einen traurigen Menschen trösten, indem wir ihn in den Arm nehmen oder seine Hand berühren. Auch beim Überbringen einer Todesnachricht kann Ihr Gefühl Ihnen dazu raten. Das wird wahrscheinlich selten vorkommen, denn Sie sind ein ungebetener Fremder, und die Uniform schafft zusätzliche Distanz. Aber es kann eine Hilfe sein, wenn der Notleidende nicht nur sieht, sondern körperlich spürt, dass er nicht allein ist. Auch hier gilt: Falls Sie so einen Impuls verspüren, jedoch unsicher sind: Deuten Sie vorsichtig die Bewegung an, die Sie machen wollen, und fragen, ob das in Ordnung ist. Sie können überhaupt immer fragen, wenn Sie nicht genau wissen, was Sie tun sollen.

Verabschiedung

Wenn Sie merken, dass die Angehörigen den ersten Schock überstanden haben, die wichtigsten Fragen beantwortet sind, eine verlässliche Begleitung da ist, und Sie auch selbst das Gefühl haben, nun könnten Sie gehen, aber nicht ganz sicher sind, ob sie diesem Gefühl trauen dürfen, können Sie ungefähr so fragen: „Frau Z., nun ist Ihre Nachbarin da und steht Ihnen bei. Können wir noch etwas für Sie tun, oder ist es in Ordnung, wenn wir uns verabschieden?"

Bleiben Sie bis zur Verabschiedung konzentriert. Ein Beamter erzählte mir, dass ihm einmal beim Abschied ein „Und einen schönen Tag noch!" herausgerutscht sei. Im selben Moment wäre er vor Scham am liebsten im Erdboden versunken.

Wenn jemand Sie auffordert zu gehen, Sie jedoch befürchten, dass er sich etwas antun könnte, folgen Sie seiner Aufforderung nicht gleich. Sprechen Ihre Sorge offen an und bitten Sie darum, noch bleiben zu können. Wenn Sie sogar *klare Anzeichen* für eine Suizidgefahr haben, greifen ohnehin andere Regeln und Sie müssen präventiv tätig werden. Das kommt aber selten vor.

Nachklang

Die Stimmung, die Sie aus diesem Einsatz mitnehmen, lässt sich nicht einfach abschütteln. Das muss auch nicht sein. Wenn die Einsatzlage es zulässt, setzen Sie sich an der Wache noch ein paar Minuten zusammen, um das Erlebnis abklingen zu lassen. Solche Erfahrungen drücken uns weniger nieder, ja: wir können an ihnen sogar reifen, wenn wir ihnen den gebührenden Platz einräumen, ehe wir uns wieder anderen Dingen zuwenden.

Schlusswort

Meinen Dienst als Polizeiseelsorger habe ich mit einer Predigt beendet, die vieles von dem hier Entfalteten zusammenfasst. Deshalb soll sie dieses Buch beschließen:[138]

Liebe Gemeinde,
meine letzte Predigt möchte ich noch einmal mit meiner „kaiserlichen Werft" beginnen, einem Lieblingsthema, auf das ich erst bei der Polizei gestoßen bin:

Nämlich, welch großen Schatz wir darin besitzen, dass allen Gesetzen unseres Landes ein schlichter Satz aus sechs Wörtern voran steht, mit dem sie übereinstimmen müssen, wenn sie gültig sein sollen: „Die Würde des Menschen ist unantastbar." Das ist das Leitmotiv unserer Verfassung, darauf hat sich unser Staat verpflichtet, also auch unsere Polizei. Die Würde des Menschen „zu achten und schützen ist Verpflichtung aller staatlichen Gewalt." Die Polizei soll die Menschen davor schützen, dass sie einander in ihrer Würde verletzen, und sie soll das auf eine Weise tun, die selbst die Würde der Menschen achtet – und zwar aller Menschen, auch der schlimmsten Verbrecher. Ein wahrhaft hoher moralischer Anspruch! Der ist nicht selbstverständlich, wie uns ein Blick auf manche anderen Länder lehrt, und wie wir auch aus unserer eigenen Geschichte wissen.

Was mich als Theologen und Pastor über den Inhalt dieser moralischen Norm hinaus freut, ist, dass in ihr das Christentum mit der kritischen Philosophie der Aufklärung eine glückliche Verbindung eingegangen ist. Die beiden lagen ja lange Zeit über Kreuz, aber in diesem Satz vereinigen sie sich aufs Schönste. Dass nämlich der Mensch eine ganz besondere Würde besitzt, halte ich für eine ziemlich genaue Übersetzung des christlichen Liebesgebotes – ja sogar des noch radikaleren Gebotes, dass wir selbst unsere Feinde lieben sollen. Zwar gehört zum Liebesgebot noch ein wenig mehr, nämlich auch die Barmherzigkeit, aber im Kern sind das Würdegebot und das Liebesgebot einander doch sehr ähnlich.

Denn was bedeutet es eigentlich, seinen Nächsten zu lieben? Sicherlich nicht, ihm um den Hals zu fallen und romantische Gefühle zu hegen. Es bedeutet in erster Linie, ihm die gleiche Achtung entgegenzubringen, die wir auch für uns selbst erwarten und ohne die wir gar nicht leben können.

Als Jesus einmal gefragt wird, was das höchste Gebot sei, antwortet er: Neben der Liebe zu Gott ist das die Liebe zum Nächsten. Den sollst du lieben wie dich selbst. Und er fügt hinzu: „An diesen beiden Geboten hängt das ganze Gesetz." Das meint: Wenn man diese Gebote verstanden hat, hat man im Grunde alle Gebote verstanden, dann kennt man die Absicht aller Gebote – denn wer den Nächsten liebt, der wird ihn nicht bestehlen, belügen, gar töten usw.

Ganz ähnlich verhält es sich mit dem ersten Satz des Grundgesetzes, mit der Achtung der Menschenwürde. Aus ihr leitet sich alles Weitere ab: die Menschenrechte, die Grundrechte usw. Auch an ihr „hängt das das ganze Gesetz". So zumindest das Ideal. Es wäre natürlich blauäugig zu behaupten, dass *alle* Polizistinnen und Polizisten von diesem Geist im Innersten beseelt wären. Und auch die, die davon beseelt sind, können nicht jederzeit und alle Tage wirklich danach leben. Ich könnte es auch nicht. Ich kann es schon oft in den ganz normalen Zumutungen des Alltags nicht. Wie sollte ich es können, wenn ich den besonderen Zumutungen des Polizeiberufes ausgesetzt wäre?!
Außerdem erheben sich sofort berechtigte Fragen, selbst für den, der diesem Ideal folgen will. So fragt auch unserer Schrift-

gelehrter, nachdem er Jesu Antwort erhalten hat: Ja, wie weit reicht denn dieses Gebot, wen umfasst es alles, wer ist denn alles mein Nächster?

Ist auch der aus 3000 km Entfernung angereiste Flüchtling mein Nächster? War er es schon, als er noch in seiner Heimat lebte? Ist er es jetzt, in der Notaufnahme der Messehallen?

Ist es auch der heruntergekommene und übelriechende Mensch in der Ecke, dem ich mich kaum nähern möchte, geschweige denn ihn anfassen? Ist es auch der Steine werfende Chaot? Ist es auch der glatzköpfige, tätowierte Neonazi? Soll ich die alle als meine „Nächsten" lieben? Kann ich etwa auch jemanden lieben, gegen den ich körperliche Gewalt anwenden muss?

Als Antwort erzählt Jesus die Ihnen allen bekannte Geschichte vom barmherzigen Samariter. Auf Ihrem Liedblatt sehen sie, wie van Gogh sich dieses Ereignis vorgestellt hat.

Ein Mann ist einem Raubüberfall zum Opfer gefallen und halbtot liegen geblieben. Ich stelle mir vor: In seinem fast bewusstlosen Dämmer hört er zweimal Schritte näher kommen – und zweimal entfernen sie sich wieder. Ganz klein sehen Sie auf dem Bild die beiden Gestalten, die einfach vorübergegangen sind. Unterlassene Hilfeleistung nennen wir so etwas, eine Straftat. Warum haben die beiden das getan? Hatten sie Angst, selber überfallen zu werden? Wollten sie sich nicht mit dem Blut des Verletzten beschmutzen? Hatten sie einen dringenden Termin? Der eine war ein Priester, der andere ein Tempeldiener. Sollte man nicht gerade von solchen Leuten tatkräftige Nächstenliebe erwarten dürfen? Warum auch immer: Worte und Taten können weit auseinander klaffen!

Vincent van Gogh, Der barmherzige Samariter (1889)
The York Projekt / Wikimedia Commons

Ein drittes Mal nähern sich Schritte, und diesmal spürt der Verwundete die wohltuende Nähe eines Menschen, spürt, wie jemand seine Wunden säubert und ihn schließlich auf ein Reittier hebt. Diesen Moment hat van Gogh festgehalten. An dem durchgebogenen Körper und dem seitlich weggedrehten Kopf des Helfers sieht man die Kraftanstrengung, die es ihn kostet, den Verletzten hochzuhieven.

Oder kann man darin auch noch etwas anderes erkennen? Er hatte Mitleid mit dem armen Mann, so erzählt es Jesus. Aber hat es ihn nicht vielleicht auch geekelt, diesen verwundeten, blutenden Menschen mit seinem ganzen Gewicht auf seinem Körper zu spüren? Hat er deshalb seine Gesicht abgewandt? Hält er vielleicht deshalb seine Hand so merkwürdig, als wolle er den Verletzten möglichst nicht berühren? Er trägt ja keine Handschuhe, wie Schutzleute sie in ähnlichen Situation überstreifen.

Und vielleicht gibt es sogar eine noch tiefere Abneigung, denn das Opfer ist Jude, und der Helfer ein Mann aus Samarien, aus dem verhassten Nachbarland, nur auf der Durchreise. Vielleicht biegt deshalb sogar das Opfer seinen Kopf so weit zurück: Weil es bei all dieser erzwungenen und rettenden Nähe doch auch Distanz wünscht.

Helfen kann eine komplizierte Angelegenheit sein.

Unsere Geschichte schließt mit zwei interessanten Details: Der Helfer bringt den Verletzten in ein Gasthaus, übergibt ihn der Obhut des Wirtes und verspricht, bei der Rückreise noch offene Kosten zu begleichen. Er tut also wirklich viel für den armen Mann. Aber er vergisst darüber seine eigenen Pläne nicht. Er nutzt die Ressourcen anderer Menschen und setzt seine Reise fort. Er meint nicht, er müsse sein ganzes Leben umkrempeln, bis der andere wieder gesund ist. Er tut, was nötig ist – und das ist viel. Wir müssen einen anderen Menschen nicht noch *mehr* lieben als uns selbst, sondern „nur" so wie uns selbst. Das ist oft schwer genug – und schon eine Menge.

Jesus schließt sein Beispiel mit einer bemerkenswerten Frage: „Wer", so fragt er, „war nun dem, der unter die Räuber gefallen war, der Nächste?" Man überliest und überhört schnell, was Jesus hier macht. Merken Sie es? Der Schriftgelehrte hatte gefragt, wer denn alles zu den Nächsten gehöre. Jesus dreht die Frage fast unmerklich um: Nicht: Gehört so ein Überfallener auch zu den Nächsten? Sondern: Werde ich, der Passant, der Zeuge, der Polizist, dem Überfallenen zum Nächsten?

Aus einer Frage nach dem Umfang meiner moralischen Pflicht ist die Frage geworden, was für ein Mensch ich sein will, wenn es darauf ankommt. Und diese Frage stellt sich in jeder Situation neu.

In all den Jahren, die ich mit Ihnen verbringen durfte, habe ich hochanständige Menschen kennengelernt, die dem nachgestrebt haben: Menschen zu sein, die für andere da sind, wenn es darauf ankommt. Die Achtung vor dem anderen, die Nächstenliebe, sind keine bloß papierenen Gebote. Es gibt Menschen, die – so gut sie können – danach leben. Wie schön!

Amen.

Dank

Für ihre sorgfältigen, liebevollen Korrekturen
und sachdienlichen Hinweise danke ich

Sigrun Kühn
Manfred Bienert
Rainer Bote
Steven Mönnighoff
Uwe Warrach.

Literatur

Ahlf Ernst Heinrich: Ethik im Polizeimanagement, Wiesbaden 1997.

Aristoteles: Die Nikomachische Ethik, München 1991.

Bakunin Michail: Gott und der Staat, Berliner Ausgabe 2015.

Bakunin Michail: Ausgewählte Schriften Bd. 5, Konflikt mit Marx, Berlin 2007.

Bauer Joachim: Schmerzgrenze, München 2011.

Beck Ulrich: Das Zeitalter des „eigenen Lebens", in: Aus Politik und Zeitgeschichte, B 29/2001.

Behr Rafael: Cop Culture – Der Alltag des Gewaltmonopols, Wiesbaden 2008[2].

Bibel, nach der Übersetzung Martin Luthers, Stuttgart 1978.

Brecht Bertolt: Der kaukasische Kreidekreis, Frankfurt a. M. 1962.

Dornes Martin: Der kompetente Säugling, Frankfurt a. M. 1993[14].

Dornes Martin: Die frühe Kindheit, Frankfurt a. M. 1997.

Erikson Erik: Identität und Lebenszyklus, Berlin 1973.

Erikson Erik: Der junge Mann Luther, Eschborn 2004[4].

Falk Ulrich: Zur Folter im deutschen Strafprozeß, www.forhistiur.de/2001-06-falk.

Fair Eric: Du sagst dir: Jeder macht es, in: Süddeutsche Zeitung vom 3.1.2017.

Fenner Dagmar: Ethik, Tübingen/Basel 2008.

Fischer Johannes u.a.: Grundkurs Ethik, Stuttgart 2008[2].

Freud Sigmund: Das Unbehagen in der Kultur, Frankfurt a. M. 1994.

Freud Sigmund: Das Unbehagen in der Kultur, Frankfurt a. M. 1994.

Freud Sigmund: Das Ich und das Es, Studienausgabe Band III, Frankfurt a. M. 1982.

Fritzsche K. Peter: Menschenrechte, Paderborn 2004.

Fromm Erich: Anatomie der menschlichen Destruktivität, München 1974.

Gehlen Arnold: Moral und Hypermoral. Eine pluralistische Ethik, Frankfurt am Main 2016[7].

Giegold Sven: Kritik der anarchistischen politischen Theorie, www.sven-giegold.de/wp-content/uploads/2010/02/anarchismus-kritik.pdf.

Giordano Ralph: Von der Leistung, kein Zyniker geworden zu sein, Köln 2012.

Grün Anselm: Menschen führen – Leben wecken, München 2016[10].

Haun Daniel: Forschungsprojekt der Universität Leipzig, Bericht im SPIEGEL 20/2016.

Hennings Kathrin: Stärken stärken schwächt Schwächen, Vortrag am 25. Oktober 2010 in Hofgeismar.

Herdegen Matthias, in: Maunz/Dürig, Grundgesetz. Kommentar, Art. 1 I, Stand 2003.

Hobbes Thomas: Leviathan, Hamburg 2005.

Hoffmann Bernhard: Polizeiliche Weihnacht, in: Volker Uhl (Hg.): Die erste Leiche vergisst man nicht, München 2012[8].

Huizinga Johann: Der Herbst des Mittelalters, Stuttgart 1975[11].

Jaeger Rolf: Opportunismus als Überlebensprinzip im höheren Polizeivollzugsdienst, in: Der Kriminalist, November 1996.

Joas Hans: Glaube als Option, Freiburg 2012.

Joas Hans: Sind die Menschenrechte westlich? , München 2015.

Kant Immanuel: Kritik der reinen Vernunft, Werke Band 4, Frankfurt a. M. 1968.

Kant Immanuel: Kritik der praktischen Vernunft, Werke Band 7, Frankfurt a. M. 2000[22].

Kant Immanuel: Über ein vermeintes Recht aus Menschenliebe zu lügen, Werke Band 8, Frankfurt am Main 1977.

Kant Immanuel: Beantwortung der Frage: Was ist Aufklärung?, Werke Band 11, Frankfurt am Main 1977.

Keller Stefan: Grüningers Fall, Zürich 1993.

Knoepffler Nikolaus: Angewandte Ethik, Köln/Weimar/Wien 2010.

Kramarz Joachim: Claus Graf Stauffenberg, Frankfurt a. M. 1965.

Landgericht Frankfurt a. M.: Schriftliche Urteilsgründe in der Strafsache gegen Wolfgang Daschner; https://dejure.org/dienste/vernetzung/rechtsprechung?Gericht=LG Frankfurt/Main&Datum=20.12.2004&Aktenzeichen=27 KLs 7570 Js 203814/03.

Luther Martin: Ausgewählte Schriften, Frankfurt a. M./Leipzig 1995.

Luther Martin: Brief an Melanchthon vom 1. August 1521, Weimarer Ausgabe, Briefe 2.

Luther Martin: Von weltlicher Obrigkeit, wie weit man ihr Gehorsam schuldig sei (1523), Weimarer Ausgabe Bd. 11, 1966.

Maercker Andreas: Posttraumatische Belastungsstörungen, Berlin/Heidelberg 2013[4].

Meifert Matthias (Hg): Führen, Freiburg 2011[2].

Maunz/Dürig: Kommentar zum Grundgesetz, Sonderdruck.

Marx Karl: Kritik des Gothaer Programms, Marx/Engels Werke Band 19, Berlin 1987[9.]

Peters Edward: Folter, Hamburg 2003[2].

Pico della Mirandola: De hominis dignitate / Über die Würde des Menschen, Stuttgart 1997.

Pinker Steven: Gewalt: Eine neue Geschichte der Menschheit, Frankfurt a. M. 2013².

Platon: Apologie des Sokrates, Sämtliche Werke I, Frankfurt a. M. / Leipzig 1991.

Proudhon Pierre J.: Was ist das Eigentum?, Münster 2014.

Rattner Joseph/Danzer Gerhard: Die Geburt des modernen europäischen Menschen in der italienischen Renaissance 1350-1600, Würzburg 2004.

Roth Michael: Die moralische Signifikanz von Situationen und Lebenslagen, in: Deutsches Pfarrerblatt 4/2016, S. 204.

Rousseau Jean-Jacques: Abhandlung über den Ursprung und die Grundlagen der Ungleichheit unter den Menschen, Stuttgart 2010.

Rutkowsky Frank: Gewalt und Gewissen, in: Wege zum Menschen, Zeitschrift für Seelsorge und Beratung, Sept./Okt. 2015.

Schmidbauer Wolfgang: Hilflose Helfer, Reinbek 1992.

Schnädelbach Herbert: Was Philosophen wissen, München 2013.

Schopenhauer Arthur: Über die Freiheit des menschlichen Willens / Über die Grundlage der Moral, Stuttgart 2013.

Sprenger Reinhard: Mythos Motivation, Frankfurt a. M. 2014.

Tiedemann Paul: Was ist Menschenwürde?, Darmstadt 2006.

Tomasello Michael: Warum wir kooperieren, Berlin 2016.

Toprak Ahmed: Ich bin eigentlich nicht aggressiv, Freiburg 2001.

Tugendhat Ernst: Anthropologie statt Metaphysik, München 2010.

Von Hutten Ulrich: Schriften, Band 1; Deutsche Schriften, München 1970.

Wagener Ulrike: Polizeiliche Berufsethik, Hilden 2015.

Zimbardo Philip: Der Luzifer-Effekt, Berlin/Heidelberg 2008.

Webseiten

http://germanhistorydocs.ghi-dc.org/pdf/deu/German22.pdf.

https://de.wikipedia.org/wiki/Amtseid.

https://de.wikipedia.org/wiki/Führereid.

https://syndikalismus.wordpress.com/about.

www.sven-giegold.de/wp-content/uploads/2010/02/anarchismus-kritik.pdf.

http://www.bild-der-wissenschaft.de/bdw/bdwlive/heftarchiv/index2.php?object_id=31893358.

https://dejure.org/dienste/vernetzung/rechtsprechung?Gericht=LG Frankfurt/Main&Datum=20.12.2004&Aktenzeichen=27 KLs 7570 Js 203814/03.

www.dijv.de/menschenwuerde-und-folterverbot.

Weitere Literatur zur Polizeiethik

Alberts Hans W. u.a.: Methoden polizeilicher Berufsethik, Frankfurt a. M. 2003.

Beese Dieter: Studienbuch Ethik, Hilden 2000.

Franke Siegfried: Berufsethik für die Polizei, Münster 1991.

Grützner Kurt u.a.: Handbuch Polizeiseelsorge, Göttingen 2012[2].

Anmerkungen

[1] Immanuel Kant: Kritik der reinen Vernunft, Werke Band 4, Frankfurt a. M. 1968, S. 677.

[2] Eine gute allgemeine Einführung bieten Johannes Fischer u.a.: Grundkurs Ethik, Stuttgart 2008[2]. Speziell zur Polizeiethik empfiehlt sich Ulrike Wagener: Polizeiliche Berufsethik, Hilden 2015.

[3] Meine inhaltlich neutrale Definition unterscheidet sich von der anderer Autoren, welche für Moral eine bestimmte Qualität voraussetzen, z.B. Dagmar Fenner: „... die moralische Perspektive verlangt gerade, ... die fremden Interessen genauso zu berücksichtigen wie die eigenen." (Dagmar Fenner: Ethik, Tübingen/Basel 2008, S. 28)

[4] Rede bei der SS-Gruppenführertag in Posen am 4. Oktober 1943. http://germanhistorydocs.ghi-dc.org/pdf/deu/German22.pdf.

[5] So Fischer: Grundkurs, S. 28. Auch Nikolaus Knoepffler: Angewandte Ethik, Köln/Weimar/Wien 2010, S. 18.

[6] Herbert Schnädelbach hält es aus grammatischen Gründen für richtiger, Freiheit oder Gerechtigkeit nicht *Werte* sondern *Güter* zu nennen. Ich gebe ihm recht, bleibe jedoch beim Ausdruck *Wert*, weil er sich in dieser Verwendung eingebürgert hat. (Herbert Schnädelbach: Was Philosophen wissen, München 2013, S. 167).

[7] Ernst Tugendhat schlägt vor, Moral als ein System „wechselseitiger Imperative" zu definieren. (Ernst Tugendhat: Anthropologie statt Metaphysik, München 2010, S. 215.)

[8] Daniel Haun: Forschungsprojekt der Universität Leipzig, Bericht im SPIEGEL 20/2016, S. 114f.

[9] Sigmund Freud: Das Unbehagen in der Kultur, Frankfurt a. M. 2009[4].

[10] vs. = versus (lat.): *gegen*. Ich verwende dieses Kürzel, wie es auf Ankündigungen von Box-Veranstaltungen zu lesen ist, um den Konfliktcharakter der beschriebenen Konstellationen hervorzuheben.

[11] Römer 7, 19.

[12] Fenner: Ethik, S. 175f.

[13] Die Zehn Gebote finden sich in der Bibel zweimal: Im 2. Buch Mose (Exodus) 20, 2–17 und im 5. Buch Mose (Deuteronomium) 5, 6-21. Die ersten Gebote bestehen in beiden Fassungen aus mehreren Sätzen, so dass die Abgrenzung zum jeweils folgenden Gebot nicht eindeutig ist. Luther hat für seinen Kleinen Katechismus eine Kurzfassung angefertigt, in der (wie auch im katholischen Katechismus) das Bilderverbot fehlt, weil Luther es als überholt ansah. Zum Ausgleich hat er das 10. Gebot geteilt. Nimmt man seine Fassung ohne diese Änderung, ergibt sich folgender (von mir noch einmal leicht gekürzter) Text:

1. Ich bin der Herr, dein Gott. Du sollst nicht andere Götter haben neben mir.
2. Du sollst dir kein Bild von Gott machen.
3. Du sollst den Namen Gottes nicht unnütz gebrauchen.
4. Du sollst den Feiertag heiligen.
5. Du sollst deinen Vater und deine Mutter ehren.
6. Du sollst nicht töten.
7. Du sollst nicht ehebrechen.
8. Du sollst nicht stehlen.
9. Du sollst nicht falsch Zeugnis reden wider deinen Nächsten.
10. Du sollst nicht begehren deines Nächsten Haus, Weib, Knecht, Magd, Vieh noch alles, was sein ist.

[14] 5. Buch Mose 5.

[15] Matthäus 7,12; Lukas 6,31.

[16] Vgl. Hans Joas: Glaube als Option, Freiburg 2012, S. 57f. Auch Michael Tomasello: Warum wir kooperieren, Berlin 2016[3].

[17] 3. Buch Mose 19,18.

[18] Lukas 10, 29-37.

[19] Immanuel Kant: Beantwortung der Frage: Was ist Aufklärung?, S. 481.

[20] Immanuel Kant: Kritik der praktischen Vernunft, § 7. Ein „Wenn das jeder machen würde ..." beurteilt allerdings die Tat selbst, wogegen es Kant um die darin wirksame Absicht ging („Maxime deines Willens").

[21] Platon: Nomoi (Gesetze). Übersetzung und Kommentar von Klaus Schöpsdau, Teilband 1, Göttingen 1994, S. 163–192. Schon vor Platon (ca. 428-348 v.Chr.) gab es ähnliche Vierergruppen von Grundtugenden. Den Ausdruck Kardinaltugenden führte der Kirchenlehrer Ambrosius (339-397) ein.

[22] Interview im STERN vom 15. Juli 1982.

[23] Immanuel Kant: Grundlegung zur Metaphysik der Sitten, Stuttgart 2005, S. 28.

[24] Markus 2, 27.

[25] So müssten die Todsünden theologisch korrekt genannt werden, aber „Sieben Todsünden" ist populärer geworden. Die heute gültige Auswahl und Reihenfolge stammt von Papst Gregor d. Gr. (um 540-604). Um den Sieben Hauptsünden einen gleichlangen Tugendkatalog gegenüber zu stellen, hat die Kirche später die vier antiken Kardinaltugenden durch die drei paulinischen Tugenden Glaube, Hoffnung und Liebe ergänzt.

[26] Aristoteles: Die Nikomachische Ethik (Zweites Buch), München 1991, S. 139ff.

[27] Eine populäre Fassung dieses Prinzips wäre das berühmte „Der Zweck heiligt die Mittel". Allerdings wird dieser Satz gerne als billige Rechtfertigung benutzt, um berechtigte Skrupel zu verdrängen, weshalb ihn in dieser Form kein ernsthaft argumentierender Ethiker verwenden würde.

[28] In gewisser Hinsicht könnte man auch die Tugendethik des Aristoteles als eine teleologische Ethik bezeichnen, da er sie mit einem letzten Ziel verbindet, nämlich der Eudaimonia, dem seelischen Wohlbefinden. Aber das ist vielleicht etwas spitzfindig.

[29] Max Weber: Politik als Beruf, Frankfurt am Main 1999, S. 85.

[30] „...Wahrhaftigkeit [ist] eine Pflicht ..., die als die Basis aller auf Vertrag zu gründenden Pflichten angesehn werden muss, deren Gesetz, wenn man ihr auch nur die geringste Ausnahme einräumt, schwankend und unnütz gemacht wird. Es ist also ein heiliges, unbedingt gebietendes, durch keine Konvenienzen einzuschränkendes Vernunftgebot; in allen Erklärungen *wahrhaft* (ehrlich) zu sein." (Immanuel Kant: Über ein vermeintes Recht aus Menschenliebe zu lügen, Werke Band 8, Frankfurt am Main 1977).

[31] Matthäus 5,39.

[32] Der berühmteste ist vielleicht: „Höre das Klatschen deiner rechten Hand!" Wenn Sie ihn nicht verstehen: Das ist genau seine Absicht – damit Sie ins Grübeln und am Ende vielleicht zur Erleuchtung kommen.

[33] „Wir würden moralische Werte wie Freundschaft oder Mitgefühl ... geradezu verfehlen, wenn wir sie zu *Gründen* unseres Tuns machten. Wer liebt, handelt nämlich nicht *wegen* der Liebe, sondern *aus* Liebe." (Michael Roth: Die moralische Signifikanz von Situationen und Lebenslagen, in: Deutsches Pfarrerblatt 4/2016, S. 204) Ähnlich Fischer: Grundkurs, S. 49ff.

[34] Gehlen verwendet das Wort „ethisch" hier in dem Sinne, in dem ich das Wort „moralisch" verwende.

[35] Arnold Gehlen: Moral und Hypermoral. Eine pluralistische Ethik, Frankfurt am Main 2016[7], S. 31f.

[36] Rafael Behr: Cop Culture – Der Alltag des Gewaltmonopols, Wiesbaden 2008[2].

[37] Vielleicht betont aber auch ein schüchterner Mensch den Wert der Risikobereitschaft, weil er in diesem Punkt bei sich den größten Entwicklungsbedarf verspürt. Umgekehrt möchte ein Abenteurer vielleicht lernen, zuverlässiger zu werden. Solche Kombinationen lassen sich für jeden Typ durchspielen.

[38] http://www.bild-der-wissenschaft.de/bdw/bdwlive/heftarchiv/index2.php?object_id=31893358

[39] Martin Luther: Ausgewählte Schriften, Frankfurt a. M./Leipzig 1995, S. 269.

[40] Joachim Kramarz: Claus Graf Stauffenberg. Das Leben eines Offiziers. Frankfurt a. M. 1965, S. 201.

[41] Sigmund Freud: Das Ich und das Es, Studienausgabe Band 3, Frankfurt a. M. 1982, S. 273ff.

[42] Arthur Schopenhauer: Über die Freiheit des menschlichen Willens / Über die Grundlage der Moral: Die beiden Grundprobleme der Ethik, Stuttgart 2013.

[43] Ähnlich auch Joachim Bauer: Schmerzgrenze, München 2011.

[44] Bertold Brecht: Der kaukasische Kreidekreis, edition suhrkamp, Berlin 2015[50], S. 33f. Leider erlauben die Erben Brechts kein wörtliches Zitat. Deshalb muss ich mir mit dieser Paraphrase behelfen.

[45] Stefan Keller: Grüningers Fall, Zürich 1993.

[46] Platon: Apologie des Sokrates, Sämtliche Werke I, Frankfurt a. M./Leipzig 1991, S. 257.

[47] Zur kumulativen Traumatisierung vgl. Andreas Maercker: Posttraumatische Belastungsstörungen, Berlin/Heidelberg 2013[4].

[48] Wolfgang Schmidbauer spricht vom „Helfersyndrom". Danach holen sich Menschen, die immer nur an andere denken, auf diesem Umweg eine Zuwendung, die sie sich selbst nicht geben können. (Wolfgang Schmidbauer: Hilflose Helfer, Reinbek 1992).

[49] Auf diesem Ehrentitel liegt leider ein Schatten, weil er im Nationalsozialismus von Heinrich Himmler propagiert wurde. Es gab ihn aber schon seit den 20er Jahren des letzten Jahrhunderts.

[50] Matthäus 25,34–46. Ich nenne diese Erzählung ein Gleichnis, weil sie nicht wörtlich zu nehmen ist, sondern einen tieferen, symbolischen Sinn hat.

[51] Bernhard Hoffmann: Polizeiliche Weihnacht, in: Volker Uhl (Hg.): Die erste Leiche vergisst man nicht, München 2005, S. 194ff.

[52] Dieses Kapitel enthält Auszüge aus einem Vortrag, den ich im Rahmen eines Symposiums der EKD gehalten habe. Überarbeitet abgedruckt in: Wege zum Menschen, Zeitschrift für Seelsorge und Beratung, Sept./Okt. 2015, S. 500ff.

[53] Siehe S. 44.

[54] 2. Buch Mose 20,13.

[55] „Esto peccator et pecca fortiter ...!" – Luther in einem Brief an Melanchthon vom 1. August 1521, Weimarer Ausgabe Briefe 2, S. 372.

[56] Der umgekehrte Fall kommt natürlich auch (und zwar vermutlich öfter) vor: dass der Polizist die staatlichen Maßnahmen für zu lasch hält.

[57] Erich Fromm: Anatomie der menschlichen Destruktivität, Stuttgart 1974.

[58] Diese Problembeschreibung verdanke ich einem früheren Leiter der Hamburger Davidwache.

[59] Johannes 8,32.

[60] Dem Parlamentarischen Rat, der das Grundgesetz erarbeitete, gehörten 61 Männer und 4 Frauen an, dazu noch 5 nicht stimmberechtigte Berliner Abgeordnete.

[61] Der praefrontale Cortex ist die Gehirnregion, in der unsere spontanen Handlungsimpulse geprüft werden.

[62] Dieses Kapitel ist die gekürzte Fassung eines Vortrages, den ich 2006 unter dem Titel „Sieh mich freundlich an!" an der Polizeiführungsakademie (heute: Deutsche Hochschule der Polizei) gehalten habe.

[63] Matthäus 5,39.

[64] Erik Erikson: Identität und Lebenszyklus, Frankfurt a. M. 2002[20].

[65] Heinz Kohut: Narzißmus – Eine Theorie der Behandlung narzißtischer Persönlichkeitsstörungen, Frankfurt a. M. 1971.

[66] So in den Video-Dokumentationen von Mechthild Papousek. Umgekehrt ist es bedrückend zu sehen, wie verstörend das Verhalten von verkrampften, überfordernden oder gefühlskalten Eltern auf einen Säugling wirken kann. Vgl. auch Martin Dornes: die frühe Kindheit, Frankfurt a. M. 1997.

[67] Zu streng sollte man diese Phasen allerdings nicht unterscheiden. Der Säugling ist nicht nur ein passives, empfangendes Wesen, sondern auf seine Weise kompetent und wirkungsvoll. Und von Anfang an ist die Freude der Eltern nicht nur eine am bloßen Sein ihres Kindes, sondern auch daran, wie es lächelt, plappert, greift etc. – also etwas *tut*. Vgl. Martin Dornes: Der kompetente Säugling, Frankfurt a. M. 1993[14].

[68] Erik Erikson: Der junge Mann Luther, Eschborn 2000[4].

[69] Maunz/Dürig: Kommentar zum Grundgesetz, Sonderdruck 2004, S. 11.

[70] Ich kann Würde einigermaßen auch dann bewahren, wenn mein Gegenüber sie mir abspricht, sofern ich sie mir selbst weiterhin zuerkenne. Auch dann bleibt sie jedoch eine Angelegenheit von Beziehung – nämlich der zu mir selbst. Die Überzeugung, dass Gott dem Menschen seine Würde verleihe, verankert diese ebenfalls in Beziehung.

[71] Paul Tiedemann: Was ist Menschenwürde?, Darmstadt 2006.

[72] Ahmed Toprak: Ich bin eigentlich nicht aggressiv, Freiburg 2001, S. 63.

[73] Ulrich Beck: Das Zeitalter des „eigenen Lebens", in: Aus Politik und Zeitgeschichte, B 29/2001, S. 3ff.

[74] Die groben Jahresangaben dienen der Einprägsamkeit. Um sie herum sind die genannten Epochen zu denken. Sie dauerten jeweils etliche Jahrzehnte, mit Übergangszeiten sogar Jahrhunderte. So kann man die Anfänge der Renaissance für Italien schon um etwa 1350 ansetzen.

[75] *Nikolaus Kopernikus* (1473-1543) bewies mit seiner Schrift *De revolutionibus orbium coelestium* (Von der Umdrehung der Himmelskörper), dass sich die Erde um die Sonne dreht und nicht umgekehrt.

Zur gleichen Zeit revolutionierte *Johannes Gutenberg* (ca. 1400-1468) die Medienwelt und damit das Zusammenleben ungefähr so, wie in unseren Tagen der Computer. Sein Buchdruck mit beweglichen Lettern machte erstmals massenhafte Publikationen möglich.

Ohne diese neue Drucktechnik hätte die geniale Bibelübersetzung von *Martin Luther* (1483-1546) keinen großen Erfolg gehabt. Dass jeder Mensch die Bibel selber lesen und eigene Glaubens- und Gewissensentscheidungen ohne autoritative Vorgaben treffen konnte, war ein riesiger Schritt in Richtung Demokratie – auch wenn Luther selbst das noch nicht so formuliert hätte. Nebenbei legte Luthers Übersetzung die Grundlage für unser Hochdeutsch.

Zur ganzen Epoche sehr lesenswert: Joseph Rattner/Gerhard Danzer: Die Geburt des modernen europäischen Menschen in der italienischen Renaissance 1350-1600, Würzburg 2004.

[76] Brief an Willibald Pirckheimer vom 25. Oktober 1518; in: Eduard Böcking (Hg.): Ulrichs von Hutten Schriften, Bd. 1, Brief Nr. 90; Deutsche Schriften, übers. von Peter Ukena und Dietrich Kurze, München 1970.

[77] Das Bild ist richtig herum gedruckt; Leonardo schrieb oft in Spiegelschrift.

[78] 1. Buch Mose 1,27.

[79] Pico della Mirandola: De hominis dignitate / Über die Würde des Menschen, Stuttgart 1997.

[80] Diese Darstellung ist holzschnittartig. Das Mittelalter war farbenfroher, als wir uns das heute meist vorstellen (vgl. Johann Huizinga: Der Herbst des Mittelalters, Stuttgart 1975[11]), und auch *vor* Luther gab es schon kirchen- und herrschaftskritische Bewegungen, man denke nur an die französischen Katharer (ab ca. 1000), den englischen Bauernaufstand (1381), John Wiclyf (1330-1384) oder Jan Hus (ca. 1370-1415). Aber die Zeit war noch nicht reif für sie.

[81] 1. Buch Mose 8,21.

[82] Psalm 8, 5f.

[83] Zitat sinngemäß aus dem Gedächtnis.

[84] Vor allem Thomas Hobbes (1588-1679), John Locke (1632-1704), Voltaire (1694-1778), Jean-Jacques Rousseau (1712-1778) und Immanuel Kant (1724-1804).

[85] Für ein eingehenderes Studium der Texte und historischen Zusammenhänge empfehle ich K. Peter Fritzsche: Menschenrechte, Paderborn 2004.

[86] Der Ausdruck taucht bei Nietzsche mehrfach auf, unter anderem als Titel einer geplanten Veröffentlichung.

[87] Die Zahlen der Historiker schwanken zwischen 3 und 20 Millionen.

[88] Hans Joas: Sind die Menschenrechte westlich?, München 2015, S. 45.

[89] Joas: Menschenrechte, S. 64.

[90] Papst Johannes XXIII. in der Enzyklika *pacem in terris* von 1963.

[91] Thomas Feltes: Einstellungen von Polizeibeamten zu gesellschafts- und kriminalpolitischen Problemen in Deutschland, in: Erich Rebscher und Thomas Feltes: Polizei und Bevölkerung, Holzkirchen 1990, S. 200; zitiert in: Ernst Heinrich Ahlf: Ethik im Polizeimanagement, BKA Wiesbaden 1997, S. 110.

[92] In einigen Bundesländern gibt es nur noch die zweigeteilte Laufbahn mit direktem Einstieg in den gehobenen Dienst.

[93] Berufs- und Arbeitszufriedenheit hängen von vielen Faktoren ab. Ich beschränke mich auf Aspekte, die mir besonders aufgefallen sind.

[94] Vgl. auch Sprenger: Mythos Motivation, Frankfurt a. M. 2014.

[95] Von den Mitgliedern des höheren Dienstes wird erwartet, dass sie in ganz unterschiedlichen Verwendungen einsatzfähig sind.

[96] Rolf Jaeger: Opportunismus als Überlebensprinzip im höheren Polizeivollzugsdienst, in: Der Kriminalist, Nov. 1996, S. 466ff.

[97] Der eine oder die andere allerdings vielleicht erst nach einer jugendlichen Phase antiautoritären Trotzes.

[98] Meifert Matthias (Hg): Führen, Freiburg 2011², S. 98f.

[99] Daher ist es auch ein wichtiges Ziel in der Behandlung von traumatisierten Menschen, dass sie das Vertrauen in ihre Selbstwirksamkeit wiedergewinnen.

[100] So Sprenger sinngemäß mehrmals in Mythos Motivation.

[101] Kathrin Hennings: Stärken stärken schwächt Schwächen – Führungsethische Fragen aus polizeilicher Sicht, Vortrag am 25. Oktober 2010 in Hofgeismar.

[102] Anselm Grün: Menschen führen – Leben wecken, 2016¹⁰, S. 13f.

[103] Markus 10,35-45.

[104] https://syndikalismus.wordpress.com/about.

[105] Psalm 85,11.

[106] Michail Bakunin: Gott und der Staat, Berliner Ausgabe 2015, S. 14f.

[107] Vgl. Michail Bakunin: Ausgewählte Schriften Bd. 5, Konflikt mit Marx, Berlin 2007.

[108] Pierre J. Proudhon: Was ist das Eigentum?, Münster 2014.

[109] Thomas Hobbes: Leviathan, Hamburg 2005.

[110] Jean-J. Rousseau: Abhandlung über den Ursprung und die Grundlagen der Ungleichheit unter den Menschen, Stuttgart 2010, S. 125.

[111] ebenda, S. 74.

[112] Erich Fromm: Anatomie der menschlichen Destruktivität, Hamburg 1977[25]; Joachim Bauer: Schmerzgrenze.

[113] Vgl. auch das zu Pico della Mirandola auf S. 129 Ausgeführte.

[114] „... In einer höheren Phase der kommunistischen Gesellschaft, nachdem ... alle Springquellen des genossenschaftlichen Reichtums voller fließen – erst dann kann ... die Gesellschaft auf ihre Fahne schreiben: Jeder nach seinen Fähigkeiten, jedem nach seinen Bedürfnissen!" (Karl Marx: Kritik des Gothaer Programms, Marx/Engels Werke Band 19, Berlin 1987[9], S. 21.)

[115] Ähnlich argumentiert Sven Giegold: Kritik der anarchistischen politischen Theorie, www.sven-giegold.de/wp-content/uploads/2010/02/anarchismuskritik.pdf.

[116] Nach ihm ist der Monat Januar benannt, der auf das alte Jahr zurück- und in das neue Jahr vorausblickt. Ursprünglich symbolisiert Janus also den Übergang. Es hat sich aber auch die Bedeutung von *Widersprüchlichkeit* eingebürgert, auf die ich mich hier beziehe.

[117] Vgl. Steven Pinker: Gewalt: Eine neue Geschichte der Menschheit, Frankfurt am Main 2013[2]. Pinker bietet zahlreiche Belege dafür, dass durch die kulturelle Entwicklung der Menschheit immer weniger Gewalt ausgeübt wird, auch wenn es anders scheint.

[118] Römer 13, 1-7; Martin Luther: Von weltlicher Obrigkeit, wie weit man ihr Gehorsam schuldig sei (1523), Weimarer Ausgabe Bd. 11, 1966.

[119] Ralph Giordano: Von der Leistung, kein Zyniker geworden zu sein, Köln 2012, S. 29f.

[120] 9. November 2016.

[121] Der amerikanische Nuklearexperte Bruce Blair, der in den 1970er Jahren das Prozedere für den Abschuss von US-Atomwaffen kontrollierte, sagte: „Ich habe keinerlei Vertrauen in Trumps Urteilskraft, was Krieg und Frieden angeht. Er ist impulsiv. Er ist aggressiv, schlecht oder falsch informiert. Er weiß praktisch nichts über Atomwaffen oder internationale Beziehungen. Er ist ein Hitzkopf. Er denkt nicht. Er will nicht lernen. Und ganz wichtig: Er hat gezeigt, dass er die Welt in Gewinner und Verlierer einteilt. Ganz ehrlich: Ich lebe in Angst." (SPIEGEL ONLINE 20.1.2017)

[122] https://de.wikipedia.org/wiki/Amtseid.

[123] Ulrike Wagener nennt den Diensteid ein „Hochleistungsversprechen" (Berufsethik, S. 46).

[124] Allerdings versuchen manche Firmen mit „Philosophie" oder „Visionen", die Mitarbeiterschaft auch innerlich einzubinden – eine fragwürdige Sache, wenn es letztlich nur um Effizienz und Gewinnsteigerung geht.

[125] So Paulus im 2. Korintherbrief 1,23.

[126] https://de.wikipedia.org/wiki/Führereid.

[127] Matthäus 5,34-37.

[128] Beide Zitate von dpa am 31.5.2012 auf SPIEGEL Online.

[129] Ich spreche vom „Fall Daschner" wegen der darin verhandelten eigenen Fragestellung, die wiederum zum „Fall Gäfgen" gehört.

[130] Edward Peters: Folter, Hamburg 2003²;
Ulrich Falk: Zur Folter im deutschen Strafprozess, www.forhistiur.de/2001-06-falk.

[131] „Eine heikle und gefährliche Angelegenheit".

[132] Vgl. die ausführliche Studie von Philip Zimbardo: Der Luzifer-Effekt, Berlin/Heidelberg 2008.

[133] Landgericht Frankfurt am Main, 15.02.2005 – Schriftliche Urteilsgründe in der Strafsache gegen Wolfgang Daschner; https://dejure.org/dienste/vernetzung/rechtsprechung?Gericht=LG Frankfurt/Main&Datum=20.12.2004&Aktenzeichen=27 KLs 7570 Js 203814/03

[134] Letztlich argumentiert allerdings auch das Gericht mit einem Nutzen, nämlich der Bewahrung des Rechtsstaates.

[135] Sie macht auch für Paul Tiedemann das Wesen der Menschenwürde aus. Dass meines Erachtens noch anderes dazu gehört, kann hier beiseite bliebem.

[136] In dem Thriller „Unter'm Radar" des Regisseurs Elmar Fischer wird eine solche Möglichkeit durchgespielt. Bei einigen Terror-Verdächtigen und in US-Gefängnisse Verschleppten ist Ähnliches nach dem 11. September 2001 tatsächlich geschehen.

[137] 2003 in einer Neukommentierung des Grundgesetzkommentars von Maunz/Dürig.

[138] Einen Überblick gibt Heiner Bielefeldt: Menschenwürde und Folterverbot, www.dijv.de/menschenwuerde-und-folterverbot.

[139] Predigt über Lukas 10, 25-37 am 20. September 2015 in der Hamburger Hauptkirche St. Jacobi.